À mon père

LE MOT DE L'AUTEUR

- Jamais nous ne publierons ta biographie telle que tu l'as rédigée. Car ce serait aller au-devant d'un cuisant échec !

Nous sommes en janvier 2012.

Les propos de l'éditeur à qui j'ai soumis mon manuscrit me laissent stupéfait. Il ajoute :

- Dévoiler ton parcours avec autant de naïveté reviendrait à signer la fin de ta carrière. Quand le public saura qui tu es vraiment, plus personne ne t'invitera. Tu dois tout réécrire avec quelqu'un qui pourra te dire quoi révéler et de quelle manière le faire.

Lorsqu'il comprend que je prévois un premier tirage de 5.000 exemplaires, il éclate de rire en me prédisant un cruel « retour sur terre ».

Ce sera notre dernière conversation.

Convaincu que l'authenticité et la transparence sont les piliers incontournables de tout témoignage, je vais donc choisir la voie de l'auto-édition. Et ce, sans modifier un seul trait de lettre de mon propos.

Dès sa sortie, « CES MOTS DONT J'AVAIS PEUR » rencontre un succès au-delà de toute attente. Les 5.000 premiers exemplaires s'arrachent en un temps record. Ce qui, aux yeux de l'éditeur, constituait une pierre d'achoppement, se révèle être l'atout majeur de l'ouvrage.

Sans distributeur officiel, sans publicité aucune, hormis le bouche-à-oreille, le livre atteint la francophonie entière. D'innombrables messages de lecteurs encouragés, bouleversés, voire transformés par mon témoignage nous parviennent. Ils se résument parfois à une simple phrase :

- Ce livre a changé ma vie !

Chère lectrice, cher lecteur, ce livre est aujourd'hui entre vos mains. Qui sait s'il n'est pas destiné à vous offrir la clé d'un changement auquel vous ne croyiez plus ?!

C'est mon vœu le plus cher.

Avec toute mon amitié.

Philippe

AVANT-PROPOS

- Je me suis souvent demandé quand tu allais te décider à écrire ta biographie.

Cette remarque anodine, que mon ami Marc me lance dans l'avion qui nous ramène du Congo, ne restera pas sans suite. Je me mets à l'ouvrage dès le lendemain.

À dire vrai, l'idée me trottait dans la tête depuis longtemps, mais je n'avais jamais osé. J'ai rencontré tellement de gens formidables, au parcours de vie passionnant, insolite ou dramatique, à côté desquels mon histoire me semble d'une affligeante banalité.

Alors pourquoi moi ? Quel intérêt à raconter ma vie ?

Je n'ai pas un passé de mauvais garçon, de gangster, de punk, d'alcoolique ou de toxicomane. Profilé genre « Monsieur Piéton », je suis juste un homme comme les autres.

Pourtant, ainsi qu'on peut le lire au dos du CD « TANT QU'IL Y AURA DES HOMMES », mon histoire est « L'histoire d'un type ordinaire qui vit des choses extraordinaires », des choses que je n'aurais même pas osé rêver.

Ce n'est pas tant ce parcours de mécanicien devenu professeur de musique, puis chanteur d'Opéra, auteur, compositeur, interprète et producteur qui relève pour moi de l'extraordinaire. Mais plutôt la démarche par laquelle l'impossible est devenu possible dans ma vie.

En fait, c'est là que réside l'intérêt de mon histoire. Non pas d'avoir vécu ce que j'ai vécu, mais de pouvoir le communiquer à un maximum de gens, pour le bonheur de les voir, à leur tour, découvrir l'inaccessible.

Pour cela, j'ai pris le risque d'oser ressortir les faits les plus marquants de mon existence, sans détours ni tabous, avec des détails parfois croustillants ou douloureux.

Ce livre se veut donc, avant tout, et en complément de mes productions CD et DVD, un moyen de plus pour partager toutes les facettes de cette passion qui m'habite après avoir bouleversé et changé ma vie. Une passion qui va, j'ose l'espérer, « contaminer » celles et ceux qui me feront l'honneur de me lire.

Chapitre 1

SÉBASTIEN

Août 1993. Là où tout a commencé.

Que les vents te mènent où d'autres âmes plus belles
Sauront t'aimer mieux que nous
Puisque l'on ne peut t'aimer plus
Que la vie t'apprenne, mais que tu restes le même
Si tu te trahissais nous t'aurions tout à fait perdu
Garde cette chance que nous t'envions en silence
Cette force de penser que le plus beau reste à venir
Et loin de nos villes, comme octobre l'est d'avril
Sache qu'ici reste de toi comme une empreinte indélébile
Puisque tu pars, dans ton histoire
Garde en mémoire notre au revoir
Puisque tu pars
Puisque tu pars

Dès les premiers accords, délicatement martelés par un piano au rythme lancinant, je sentis monter en moi les frissons d'une émotion qui allait peu à peu me submerger. La lenteur de la musique accentuait encore la lourdeur de l'atmosphère de plomb qui avait régné durant toute la cérémonie. Autour de nous, dans l'église, des dizaines de jeunes gens en pleurs semblaient s'accrocher à chaque note, à chaque mot, comme si cette chanson de Goldman était le lien ultime et fragile qui les reliait pour un dernier instant à leur ami disparu.

Emportée dans un crescendo d'émotion à la fois insupportable et bienfaisant, toute l'assistance paraissait comme suspendue à ces notes que l'on aurait voulu pouvoir prolonger à l'infini. Les yeux clos, ruisselants de larmes, je me sentais noyé sous les vagues d'un indéfinissable tsunami intérieur que je ne parvenais pas à endiguer et dont je ne connaissais pas encore toutes les sources. Un tourbillon de pensées, de souvenirs et de questions m'assaillait.

Pourquoi donc avais-je été si bouleversé par la mort de Sébastien, cet adolescent de dix-sept ans que je ne connaissais même pas ? Peut-être parce que j'avais cru discerner en lui une sensibilité et une fragilité qui m'étaient familières à son âge. Peut-être aussi parce que je me reconnaissais dans une partie des difficultés et du désespoir qui l'avaient poussé à commettre l'irréparable. Peut-être enfin parce que ses questions sans réponses devaient ressembler à celles qui avaient marqué mon adolescence.

Quelques jours plus tôt, j'avais osé contacter ses parents, lesquels m'avaient ouvertement parlé de leur fils, confirmant en partie ce que j'avais ressenti dans mon for intérieur. Comme moi-même, en effet, Sébastien souffrait d'un handicap de bégaiement. Je pouvais imaginer qu'il avait dû lui aussi faire face aux moqueries, aux paroles piquantes et surtout à ces silences trop lourds qui, lorsqu'ils sont accompagnés de ce petit sourire à peine dissimulé, blessent plus profondément encore. Pourtant, malgré cela, c'était l'injustice et la souffrance de ses semblables qui semblaient l'affecter le plus.

- Que peut-on faire pour changer les choses et construire un monde meilleur ?

Il avait souvent posé cette question autour de lui, à ses parents, à ses copains et même à son curé. La réponse qu'on lui proposait invariablement anéantissait un peu plus à chaque fois son envie de se battre.

- On ne peut rien faire ! lui disait-on. Il faut profiter des bonnes choses que la vie nous offre, sans se préoccuper de ce que l'on ne pourra de toute manière jamais changer.

On l'a convaincu qu'il ne pourrait rien faire dans ce monde. Il s'est convaincu qu'il n'avait plus rien à y faire.

La musique venait de s'arrêter, comme étouffée par la froideur des murs de pierre de la vieille église. Les dernières paroles du prêtre invitant l'assistance à gagner le cimetière achevèrent de faire basculer la magie de l'instant présent dans le petit monde de mes impérissables souvenirs.

Et je me suis retrouvé devant cette tombe, sur laquelle était posée une photo qui allait graver à jamais dans ma mémoire les traits de ce garçon que j'aurais tant aimé connaître...

Je luttais intérieurement devant l'apparente évidence de la victoire du mal sur le bien, des ténèbres sur la lumière et de la mort sur la vie. La tristesse et la résignation ont alors fait place à la colère. Non, ce n'était pas possible que la mort l'emporte. Pas possible que cette vie finisse ainsi. Il fallait trouver un sens à tout cela.

Tout au fond de moi, je me souviens avoir prononcé ces mots, comme une promesse et un engagement solennels.

- Non, tu ne seras pas mort pour rien !

De retour à la maison, je m'enfermai dans ma chambre, seul avec mon piano. Alternant les larmes et la rage, priant Dieu qu'il me donne son inspiration, je sentis couler peu à peu des mots et des notes que j'aurais déjà voulu hurler au monde entier.

Après quelques heures d'efforts, la chanson était née. Une chanson bouleversante, et qui se terminait par un puissant message d'espoir.

J'irai dire le message que tu n'as pas entendu
J'irai parler de Celui que tu n'as jamais connu
J'irai partager l'amour de Dieu que tu n'as pas trouvé
Et je parlerai de toi pour ne jamais t'oublier
Je me dresserai contre tout ce qui veut tuer nos enfants
Pour que jamais plus une vie ne s'arrête à dix-sept ans
Je me battrai sans relâche contre les griffes du destin
Je fêterai des victoires et tu n'seras pas mort pour rien
Pas mort pour rien

Ce drame avait enfin un sens. Sébastien allait continuer de vivre à travers cette chanson.

Elle allait porter son nom.

Chapitre 2

MON ENFANCE

1942.

Perchée sur une petite colline du Jura suisse, Movelier est l'une de ces communes, proches de la frontière française, dont la quiétude s'est vue troublée par un important déploiement de soldats, tout au long de la seconde guerre mondiale. Au centre du village, de part et d'autre de la place où trône une superbe fontaine à quatre bassins, la boulangerie épicerie et le restaurant sont les deux principaux pôles d'attraction de la localité.

On vient à la boulangerie pour la qualité des produits du maître des lieux, Marcel Bieri, dont la réputation de boulanger pâtissier n'est plus à faire. Au restaurant, c'est plutôt Clémence, jeune et jolie sommelière, un rien aguicheuse, qui attire la clientèle.

À trente et un ans, Marcel n'a pas encore trouvé l'élue de son cœur. Jeune homme charmant et discret, sérieux et travailleur, il fait pour les copains figure d'exception. Souvent en effet, lorsque ces derniers, après une soirée bien arrosée, passent devant la boulangerie vers trois ou quatre heures du matin, il est déjà au travail.

Mais Marcel s'octroie volontiers, dans l'après-midi, une pause café au restaurant d'en face. C'est là qu'avec Clémence vont se tisser des liens d'amitié qui verront peu à peu naître leur amour.

Lorsque les jeunes gens unissent leur destinée, au mois de mai 1942, Clémence voit se réaliser son rêve d'enfance. Elle va exercer désormais le plus beau métier du monde : épicière.

Infatigables à la tâche, voués tout entiers au service de leurs clients, Marcel et Clémence partagent leur amour... du travail. Et surtout du travail bien fait.

Sept jours sur sept.

Car on ne parle jamais de vacances chez Bieri. On n'y pense même pas. Durant des décennies, chaque jour que Dieu fait, les villageois trouveront dans leur boulangerie du pain toujours frais et des pâtisseries à la saveur réputée.

Sur le tableau du temps qui passe se dessinent pourtant, peu à peu, les contours d'une ombre qui se mue en un fardeau toujours plus lourd à porter.

Alors qu'autour d'eux, dans leurs familles et connaissances, les heureux événements se succèdent, Marcel et Clémence sont, encore et toujours, dans l'attente de la bonne nouvelle d'une première grossesse.

Combien de déceptions, combien de larmes souvent ravalées lorsque les copains en rajoutent une couche avec une « bonne » grosse blague campagnarde.

- Hé, Marcel, si t'as besoin d'un coup de main, fais-moi signe !

Malgré des années d'une attente toujours plus pesante, le couple garde l'espoir et la foi de voir ses prières exaucées. Et c'est après quinze ans de mariage qu'ils ont enfin le bonheur d'accueillir leur premier enfant : il s'appelle Marcel. C'est mon grand frère.

Je débarque trois ans plus tard.

La fête devait être belle, mais une erreur de casting plombe quelque peu l'ambiance de mon arrivée... Fort heureusement pour moi, et de toute évidence, j'assume rapidement le fait d'être Philippe et non Marie-Thérèse.

Mon enfance est celle d'un garçon comme les autres, dans une famille presque ordinaire. Presque, parce que, professionnellement, mes parents ont une situation et un statut enviés. Leur commerce marche bien, et ils passent pour les riches du village. Revers de la médaille, ils ne travaillent pas pour vivre : ils vivent pour travailler. À la maison, l'essentiel des conversations tourne autour du magasin, des commandes, des clients. Souvent, à table, le repas est brutalement interrompu par une question d'importance soudain vitale.

- Mais, au fait, l'Anne-Marie... elle a eu son pain, aujourd'hui ?

Le pire, c'est à Noël. Levés bien avant l'aube, mes parents travaillent jusque tard dans la soirée, sans une minute de répit. Fatigués et stressés, ils n'ont après cela plus le cœur à la fête. Juste le temps de déballer les cadeaux et d'allumer en hâte les bougies sur le sapin et c'est déjà l'heure de la messe de minuit.

Je n'aime pas Noël.

Pourtant, hormis les contraintes liées au magasin, l'ambiance familiale est sereine. Durant toute mon enfance, je n'ai entendu qu'une seule fois mes parents se disputer.

Au chapitre de mes plus beaux souvenirs, il y a, bien sûr, cette délicieuse odeur de pain frais qui, chaque matin au réveil, embaume toute la maison. Mais il y a aussi, et surtout, une voix : la voix de mon père.

Ah, comme j'aime l'entendre chanter !

Papa est un merveilleux chanteur. Avec sa belle voix de ténor, il reprend inlassablement des mélodies populaires mille fois répétées. Il aurait bien aimé chanter dans une chorale, mais son travail ne lui en laisse pas le loisir. Alors il chante en faisant son pain. Lorsqu'il lui arrive de travailler en silence, certains clients s'en étonnent.

- On n'entend pas le Marcel, aujourd'hui ! Il est malade ?

Moi, c'est à l'église que je me régale, lorsqu'il me permet de monter avec lui sur la tribune réservée aux grands, juste à côté de l'orgue. Dans les cantiques, papa prend toujours une seconde voix, plus haute, et qui s'harmonise parfaitement avec la mélodie.

Comme c'est beau !

Admiratif, je l'écoute et je le regarde. Je ne suis pas peu fier d'avoir le papa qui a la plus belle voix du monde.

Mais j'ai d'autres raisons encore d'être fier de lui. Il est pour moi un exemple, un modèle de droiture et d'intégrité. C'est un homme sage, calme et posé. Il représente une image de force paisible et de douce sérénité. Aucune critique envers qui que ce soit, ni aucun mensonge ne viennent jamais ternir cette image. Lorsque, sur un ton grave, il lui arrive de s'énerver à cause d'une de mes bêtises, ses mots élèvent plutôt que de blesser.

- Ah, mais quel malin ! s'écrie-t-il alors.

Il sait que j'ai compris le message.

Avec une autorité toute naturelle, mes parents m'ont inculqué de solides valeurs de politesse et de respect. Je me souviens d'un jour où je débarque en trombe au magasin, sourire aux lèvres.

- Bonjour !

Maman, occupée à servir des clients, s'interrompt et brise tout net mon élan en me lançant, avec un regard sévère :

- Va voir dehors et tu reviendras dedans !

Pas besoin d'explication. Je m'exécute.

- Bonjour messieurs dames !

On ne m'y prendra plus.

Mes parents sont des gens pieux. Des catholiques pratiquant leur religion avec ferveur et dévotion. Leur exemple de vie et de foi me conduit tout naturellement à suivre leurs traces. Nous participons avec assiduité aux nombreux offices religieux à l'église du village. Chaque année, par exemple, au mois de mai, appelé « le mois de Marie », on frise l'overdose avec quatre « services » par dimanche : 9h30 la messe, 11h l'adoration à Marie, 14h les vêpres, 20h le chapelet. Tout ça presque sans rechigner…

Je dois avoir cinq ou six ans quand un jour, touché par un film relatant l'émouvante histoire d'un jeune prêtre, je fais à ma mère cette déclaration :

- Maman, quand je serai grand, je serai curé !

Elle prend ces paroles très au sérieux et ne manquera jamais une occasion de me les rappeler.

À six ans, je rentre à l'école primaire. Que se passe-t-il alors ? Je ne le saurai sans doute jamais. Toujours est-il que c'est à ce moment-là qu'apparaissent mes difficultés d'élocution.

De nature pourtant extravertie et loquace, je dois apprendre à me battre avec ces mots que mes lèvres ne peuvent plus prononcer sans accroc, ces consonnes qui semblent rester collées au fond de ma gorge.

Le M, par exemple. À cause de lui, j'appréhende les questions aux réponses incontournables.

- T'habites où ?

- À Mm..., Mm..., Movelier.

Mais il y a pire encore avec le M. Le cauchemar, c'est lorsque, en classe, j'ai une question à poser à la maîtresse et que celle-ci, occupée à son bureau, n'a pas vu ma main levée. J'essaie à voix basse :

- Mm..., m...

Impossible à décrocher. Que faire ? Attendre qu'elle lève la tête et qu'elle me voie, ou risquer de me payer la honte avec un :

- Mm..., ma..., ma..., mademoiselle !

Je panique. Parfois, j'affronte l'humiliation. Parfois, je renonce à ma question.

Par la force des choses, j'apprends à composer avec ce handicap, expérimentant plus souvent qu'à mon tour le vieil adage qui affirme que « le ridicule ne tue pas ». Aidé par mon aptitude à jouer le « comique de service », je m'invente une béatitude personnelle : « Heureux ceux qui savent rire d'eux-mêmes, ils n'ont pas fini de s'amuser ». Un rire un peu jaune quelquefois, dissimulant tant bien que mal une souffrance qui va s'amplifier au fil des années. Je ne peux alors imaginer que la vie se chargera de transformer cette faiblesse en force.

Je suis un garçon enthousiaste, toujours passionné par quelque chose. Mes parents et mon frère me le répètent souvent :

- T'as toujours une autre combine !

La plus marquante de mes premières passions est une activité que je considère alors comme la panacée : l'élevage de lapins.

J'ai onze ans quand je tombe sous le charme d'un magnifique lapin que vend un paysan du village. Et en plus à un prix canon. Impossible de résister. Je cours chercher vingt francs dans ma tirelire et, fièrement, je ramène l'animal à la maison.

- Tu vas faire quoi avec ça ?

- De l'élevage, maman !

- Mais ce n'est pas possible ! Tu n'as pas même de cage !

Oups. Je n'y avais pas pensé…

- Je vais le mettre dans cette caisse, le temps de fabriquer une cage avec la vieille armoire qui traîne dans la remise.

Quand on aime…

- Et ton lapin, c'est un mâle ou une femelle ?

- Euh… ?!? C'est quoi la différence ?

J'apprends des trucs super importants ce jour-là. Comme par exemple, que, pour commencer un élevage de lapins, c'est plus difficile si vous n'en avez qu'un seul. Surtout si c'est un mâle.

J'achète la femelle le lendemain. Cette fois, c'est parti. Je deviens rapidement un spécialiste du lapin.

Curieusement, c'est à la même époque que je suis confronté à un autre genre d'histoires de lapins.

Didier, dix ans, un copain du village, m'invite un jour chez lui pour me montrer quelque chose. Son père est chauffeur poids lourds international et il a ramené des « trucs » spéciaux achetés en Suède : des livres. Didier les a trouvés dans la chambre à coucher de ses parents.

Des livres comme des bandes dessinées, mais avec de vraies photos. Le scénario est toujours le même : des hommes et des femmes se retrouvent dans des endroits où les fenêtres sont certainement bloquées et le chauffage en sur régime. Pas besoin de connaître le suédois pour imaginer les dialogues...

C'est le choc. Brutal.

Perturbé, ballotté dans des sentiments où le dégoût se mêle déjà à la fascination, je découvre un monde qui, on s'en doute, m'était totalement étranger. En quelques secondes, mon innocence est massacrée. Je ne m'étais jamais posé la moindre question sur la sexualité. Je viens de tomber dans le piège de la pornographie.

La dépendance est immédiate. Didier habite non loin de chez moi et ses parents s'absentent souvent. Autant d'occasions pour moi de découvrir les nouveaux arrivages de bouquins. Je ne suis plus vraiment le même garçon à partir de ce moment-là. Je vais vivre, dès lors, obsédé par ces images.

C'est bien plus tard que je comprendrai combien tout cela a pourri une partie de ma jeunesse.

Dieu merci, j'ai d'autres passions. La lecture, d'abord. Je dévore un tas de livres, parfois un roman entier par jour. Avec mon père, j'en achète d'occasion par dizaines chez un commerçant de la ville voisine. Après les livres pour enfants, puis pour ados, je lis presque tous les pavés d'Alexandre

Dumas, avant de passer, sans transition, aux polars et à San Antonio…

Mais ma plus grande passion, c'est la chanson.

Nous sommes au début des années septante. Chaque après-midi, après l'école, je me précipite sur mon poste de radio pour écouter le Hit Parade, sur RTL. Je connais la plupart des chansons par cœur. Tous les succès de Johnny, Sardou, Gérard Lenorman, Mike Brant, etc.

À cette époque, un groupe de petits chanteurs parisiens fait un tabac. Le groupe s'appelle « Les Poppys ». Je connais tout leur répertoire. Avec ma jolie voix d'enfant, je chante « Isabelle », « Non, non, rien n'a changé », « Love, lioubov, amour » et leurs autres tubes. Ah, si j'étais né à Paris, je pourrais faire partie du groupe. Et en plus, quand on me demanderait où j'habite, je pourrais répondre, d'un seul élan :

- J'habite à Paris !

Paris. Avec un P !

Mais voilà, moi, j'habite à M…, Mo…, Movelier.

La vie est injuste.

Chapitre 3

ADOLESCENCE, PASSIONS ET ADDICTIONS

Mes dernières années au collège sont pénibles. À l'exception des cours de langues, pour lesquels je marque encore un certain intérêt, j'ai le sentiment de perdre mon temps. Je piaffe d'impatience de passer à autre chose.

Peu avant mon quinzième anniversaire, je pense avoir trouvé ma voie dans la musique. Mon frère est pianiste dans un groupe qui anime les bals du samedi soir et, avec lui, je m'essaie à la batterie. C'est le coup de foudre ! J'ai le sens du rythme et, très rapidement, je sais accompagner mes morceaux préférés. Après quelques semaines, je suis déjà sur scène pour une première soirée avec « *LES ÉTOILES NOIRES* ».

Une soirée catastrophe.

À l'image du cauchemar que j'ai fait la nuit précédente. Pour la première fois de ma vie, je dois affronter cet ennemi qui va me persécuter des années durant : le trac. Terrible, incontrôlable, le trac me fait perdre tous mes moyens.

Mais je ne me laisse pas décourager.

Je me suis approprié un local dans une partie de ce qui fût l'écurie de notre maison familiale, une ancienne ferme au volume impressionnant. Au début, ce n'est pas chauffé. C'est l'hiver, il faut jouer avec des gants. Rien ne m'arrête.

Je passe toujours plus de temps à « taper sur mes caisses », comme disent les copains.

Car je rêve à l'impossible : devenir musicien. Batteur professionnel.

- Mais, ce n'est pas un métier, ça ! objectent déjà mes parents.

Impossible de les contredire. Pour le moment. Quittant le collège quelques mois plus tard, je me vois contraint d'entreprendre une « vraie » formation. Je me rabats sur l'autre chose qui me branche, hormis la musique : les bagnoles. Je deviens apprenti mécanicien sur autos.

Pour quatre longues années.

Aujourd'hui encore, j'ignore si, dans un contexte différent, en côtoyant de vrais amoureux de mécanique qui auraient su me communiquer leur passion, j'aurais pu aimer ce métier. Là, en l'occurrence, ce n'est pas le cas. Très vite convaincu que je ne suis pas fait pour ça, je vais devoir prendre mon mal en patience. Car mes parents sont catégoriques : il est hors de question de ne pas aller au bout de mon contrat.

Ce sera difficile. Et pas que pour moi. J'ai la tête ailleurs, et ça se paie cash. Je multiplie les gaffes, parfois lourdes de conséquences. Roues mal serrées, voitures de clients endommagées, la liste est longue. Le plus souvent, c'est mon chef qui essuie les plâtres.

Je l'aime bien, mon chef. Il est cool malgré mes conneries à « s'arracher les cheveux ». De ce côté-là au moins, il ne peut pas m'en vouloir : il est déjà chauve.

Bien des années plus tard, avec le recul, je comprendrai que cette formation m'a apporté plus que des notions de mécanique : une expérience de vie. Immergé dans le monde ouvrier, j'ai vécu le quotidien de tous ceux qui n'ont pas le privilège d'avoir un job qui les valorise et les passionne. Ceux pour qui chaque jour qui passe est juste un jour de moins avant le week-end, les vacances ou la retraite. Ceux qui se sont résignés, par choix ou par dépit, à une vie monotone, tout juste stimulée par le rythme des tirages du loto ou par le calendrier des matchs de leur équipe sportive favorite.

Tous ces gens m'inspirent alors une certaine pitié. Une pitié sans doute un peu prétentieuse et hautaine. Qui va, Dieu merci, se muer plus tard en une vraie compassion.

Mais, à ce moment-là, cette pitié me donne l'énergie et la rage pour « enfoncer » la porte qui mène à l'impossible. Je n'ai qu'une idée en tête : travailler, progresser dans la batterie pour pouvoir en faire ma profession.

La route sera longue.

En fait, mis à part le sens du rythme et une assez bonne indépendance des membres, je ne suis pas du genre doué. Ou, du moins, je ne sais pas faire preuve d'un minimum d'intelligence et de réflexion dans le travail. Je mets des années à comprendre que, comme tout autre instrument, la batterie se joue aussi avec la tête, et pas seulement avec les mains et les pieds. Au final, beaucoup, beaucoup d'heures d'exercices pour un rendement minimal. Avant de trouver les professeurs qui sauront me guider sur les bonnes pistes.

18 mars 1978. J'ai dix-huit ans. Un événement que j'attends depuis des années. Et la fin du compte à rebours sur la feuille à dessin collée au-dessus de mon lit. Sur cette feuille, chaque

trait barré représente un jour. Un jour de moins. Il y en a près d'un millier…

Ce samedi-là, je reçois le plus beau des cadeaux : mon permis d'élève conducteur. Cinq petites semaines plus tard – c'est un record – je passe avec succès l'examen de conduite. Ce sera le jour de ma première sortie avec ma première voiture : une *Deuche*.

J'ai donné rendez-vous à mes potes dans un bar branché où nous nous retrouvons à l'époque. Mais, avant cela, je veux goûter, en solo, au plaisir excitant de la conduite. Un plaisir qui vire à l'humiliation, dès la première côte. Avec son moteur usé et poussif, mon « carrosse » se traîne lamentablement à moins de quarante à l'heure dans la montée du col que j'ai osé attaquer avec la naïveté qui me caractérise. Ecrasé dans mon siège, je vois bientôt débouler une à une les voitures du long cortège qui me suit à une allure de tracteur.

Il faudra trouver une solution. Très vite.

Pour l'heure, déconfit et frustré, je veux profiter de la descente pour étancher ma soif de vitesse. Mes yeux sont rivés sur le compteur, qui « s'affole » lentement. Quatre-vingt, nonante, cent, cent cinq. Je vais atteindre les cent dix kilomètres à l'heure lorsque je réalise que je suis rentré dans une courbe plus serrée qu'attendu. En fait, je ne connais pas vraiment la route… La voiture part en dérapage, puis en tête-à-queue. Je perds totalement le contrôle. La glissade, sur plus de cent mètres, semble interminable. Crispé sur les freins et sur le volant, je vois défiler les arbres, puis la route, puis les arbres à nouveau. Tout va très vite. Quelques secondes. Une éternité.

Lorsque la voiture s'arrête enfin, à l'inverse de son sens de marche et sans avoir rien touché, je sais que j'ai frôlé la catastrophe.

Je redémarre. À pleins gaz. « Il faut que je la raconte aux copains, celle-là ! »

Le ton est donné. Les années qui suivront seront celles de tous les excès.

Continuellement, je me sens poussé à risquer le pire en voiture. Prendre le volant est trop souvent synonyme de jouer à la roulette russe. Avec ma vie… et celle des autres. Une folie devenue dangereusement banale et même contagieuse. Avec certains copains, nous en sommes arrivés à parier sur le premier qui va se planter sérieusement.

La route est notre terrain de jeu favori. Nous jouons à nous faire peur. Et à faire peur aux autres. Drôle et facétieux de nature, j'y trouve toujours le moyen de me faire remarquer.

Ma première *Deuche* se traîne à la montée ? Le capot arrière se verra bientôt orné d'un slogan au goût douteux : « DÉPASSE, PAUMÉ. JE T'AURAI DANS LA DESCENTE ».

La suivante ressemble à un container ? L'aménagement intérieur, avec un lit, des rideaux aux fenêtres, une boîte aux lettres à l'arrière et une cheminée sur le toit lui confère une allure de chambre à coucher. Un puissant klaxon imitant un beuglement de vache achève de laisser la place à toutes les hypothèses relatives au comportement bovin du conducteur.

Avec ça, sur la route, mes « victimes » favorites sont les autostoppeurs. Je m'amuse à tout faire pour qu'ils se souviennent longtemps d'être montés avec moi.

Après un démarrage en trombe, le truc, c'est de rester dans les petits rapports de vitesse pour faire hurler le moteur au maximum et balancer la voiture dans les virages : même avec une *Deuche*, ça le fait. Grave.

En hiver, sur route enneigée, c'est plus drôle encore. J'éprouve un malin plaisir à observer du coin de l'œil les sourires crispés et les mains qui s'agrippent au siège ou à la poignée de porte. J'attends la question qui tue. Inévitable.

- On dirait que ça glisse, hein ?!

- Ouais ! C'est très mauvais aujourd'hui. Il faudra vraiment que je pense à monter mes pneus neige.

- … ?!?

La tête qu'ils font à ce moment-là… Je suis mort de rire.

Mais les réactions peuvent être violentes. Il est arrivé qu'une copine, embarquée à l'arrière et frisant la crise d'hystérie, finisse par m'empoigner les cheveux des deux mains, me secouant dans tous les sens, jusqu'à ce que j'arrête la voiture.

Elle n'est plus jamais montée avec moi.

Les autostoppeurs, c'est comme les boîtes de chocolats : tu ne sais jamais sur quoi tu vas tomber !

Un matin d'automne, je prends un type à l'allure de vieux globe trotter, et qui se met à me raconter, avec un intarissable bagout, tous ses prétendus exploits. « Quelle grande g… ! me dis-je. Attends, mon gaillard, on va voir ce que tu as dans le ventre ».

Semblant tout entier à son écoute, j'attends le moment propice pour « écraser le champignon » de ma GTI.

Le gars interrompt bientôt son monologue.

- On est à combien, là ?

- Cent nonante !

- … !?! Euh… attention, parce que… c'est peut-être glissant.

- Ouais, je sais ! C'est pour ça que ch'suis pas à fond !

Le silence s'est installé pour le reste du trajet.

Un an plus tard, c'est sur ce même tronçon routier que je me retrouve face au plus grave accident survenu dans le Jura. Un effroyable choc frontal : cinq tués, un blessé grave. Je participe alors activement à l'opération de secours.

Les accidents, on le sait, ça n'arrive qu'aux autres. Tous ceux qui laissent leur peau dans ce qui, à l'époque, fait figure d'hécatombe dans notre petit coin de pays.

La liste est longue.

Il m'est arrivé de boire un verre avec des potes à une soirée et de les retrouver enroulés autour d'un arbre sur le chemin du retour. L'un est mort, les autres sont blessés. Le chauffeur est coincé dans l'habitacle, les jambes fracassées. Nous allons mettre près de deux heures pour le tirer de là. Il est conscient et hurle de douleur. Je rentre chez moi, les vêtements maculés de sang. Mais pas calmé pour autant.

Le très grave accident de René, mon meilleur ami, ébranle pourtant quelque peu l'imprenable forteresse de mon inconscience.

Sortie de la route à près de cent cinquante à l'heure, la voiture de René effectue plusieurs tonneaux avant de s'encastrer entre deux arbres, en contrebas. Ejecté du véhicule, gravement blessé et victime d'une hémorragie interne, René est opéré d'urgence. Avec sa famille, nous passons une partie de la nuit dans la salle d'attente de l'hôpital. Les médecins se montrent très réservés dans leur diagnostic.

En rentrant chez moi, au petit matin, je réalise enfin la portée destructrice de nos folies. Invoquant le ciel, je me laisse aller à toutes les belles promesses et à toutes les bonnes résolutions.

Je retourne à l'hôpital le lendemain. René n'est plus aux soins intensifs. Il s'en sortira. Mes engagements de la veille sont reportés aux calendes grecques.

Un mois plus tard, c'est moi qui vais le chercher à sa sortie d'hôpital. Malgré une jambe dans le plâtre, il insiste pour prendre le volant. Je ne peux le lui refuser. Il roule tout aussi vite qu'avant. Ses deux prochaines voitures seront des Golf GTI. Toutes les deux seront démolies en moins de trois semaines.

Nous sommes complètement tarés !

Pour ma part, il semble que je puisse compter sur un ange gardien hors normes. Le genre qui connaît tous les trucs, qui multiplie les prouesses pour me sortir, presque sans dommages, des pires situations. Comme par exemple, quand, au moment précis où René est victime de son grave accident, je perds la maîtrise de la voiture de mon père et termine dans la glissière. Les dégâts sont minimes. J'arrive à faire croire à un dommage de parking.

« Mon Dieu ! Et dire que mes parents ne se doutent de rien ».

Ce n'est que bien des années plus tard que je pourrai enfin, non sans honte, mettre des mots sur ce qui se passait alors dans ma tête.

En fait, je n'ai pas connu de crise d'adolescence « classique », mêlant rébellion, refus d'autorité et conflit avec les parents. Le problème de fond, chez moi, est plutôt un manque total d'identité lié à une profonde soif de reconnaissance. Ajoutez à cela des besoins ingérables et exponentiels en montées d'adrénaline, complétez avec des pensées suicidaires liées à la fascination pour le morbide, faites mariner le tout dans le monde de l'automobile et vous obtenez le cocktail explosif du parfait danger public.

La voiture est ma raison de vivre, mon identité, ma drogue. Au volant, je suis quelqu'un. Et je le prouve. C'est vital. Mon salut, c'est les belles bagnoles, que j'éprouve le besoin viscéral de posséder, pour la frime. En Mercedes, BMW ou Porsche, pas besoin de prendre des risques. Au contraire, rouler lentement permet de mieux se faire remarquer. Alors je recherche partout la perle rare, accidentée ou défectueuse, j'emprunte de l'argent pour l'acheter et la réparer, je la roule quelques temps, puis je la revends pour rembourser ma dette. Et le cycle recommence. Sans que ma quête de plaisir ne soit assouvie. Au contraire. Il m'en faut toujours plus, car les voitures que je désire cessent de m'intéresser lorsque je les possède. Entre deux belles caisses, je dois me contenter de poubelles avec lesquelles je suis réduit à m'illustrer par les « exploits » les plus insensés.

« Ah, s'il existait un remède pour stopper tout ça. Je serais prêt à le payer au prix fort », me suis-je parfois surpris à avouer.

Je suis bien conscient de la gravité de mon cas. Mais, comme on dit : « C'est plus fort que moi ! »

Le seul point positif que je peux relever de toute cette période de folie, c'est que je ne conduis jamais en état d'ivresse. Est-ce pour pouvoir m'identifier à l'exemple que m'a laissé mon père ou par besoin de me démarquer de la masse ? Peut-être un peu des deux. Mais au final, ni l'alcool, ni la fumée n'auront jamais d'emprise sur moi.

Ouf ! Un point au moins dont je n'ai pas à rougir.

Chapitre 4

JOCELYNE

Mon apprentissage terminé, je peux me consacrer pleinement à la musique. Enfin, presque, parce qu'il faut aussi gagner sa vie, et qu'il est hors de question que je vive aux crochets de mes parents.

Depuis les années où je bricolais mes vélomoteurs, je dispose de quelques outils de mécanicien. Dans le garage de mon père, je développe alors un petit atelier mécanique. Je fais d'une pierre deux coups : je gagne un peu d'argent et, surtout, je peux entretenir ma passion pour les bagnoles.

Côté musique, j'essaie de jouer le plus possible et dans tous les styles, du hard rock au jazz, en passant par les bals du samedi soir. Mais je reste avec une idée fixe : intégrer un groupe professionnel qui « tourne » dans les dancings et les boîtes de nuit.

Oh, miracle ! Un jour, je finis par trouver.

Des musiciens suisses allemands me contactent. Leur ancien groupe a été dissous et ils se relancent avec un nouveau projet. Les contrats sont signés, disent-ils, pour des tournées en Suisse et à l'étranger. Il ne leur manque que le batteur. Le rêve. Je fonce au premier rendez-vous et les répétitions commencent. Les gars sont sympas et encourageants. Du moins en apparence. Après un mois de travail intensif, et pour de vagues raisons, maladroitement expliquées, je suis prié de rentrer chez moi.

Le coup est dur à encaisser. Très dur. Mes rêves s'écroulent. Je suis écoeuré. Pourtant, il faut rebondir, je ne peux pas rester sur cet échec.

Alors surgit une nouvelle idée, avec de nouvelles perspectives : je vais suivre une vraie formation et devenir un véritable professionnel de la musique. Je rentre bientôt à la Swiss Jazz School à Berne.

Je passe deux années et demie dans cette école, mais je ne m'y sens pas vraiment à ma place. Le milieu du jazz m'apparaît très fermé, presque « sectaire ». Si tu n'es pas passionné, tu es très vite largué. Et comme, pour couronner le tout, la plupart des cours sont donnés en suisse allemand…

Enfin, puisque je n'ai pas d'autre choix, je fais de mon mieux pour m'accrocher.

À cette période, un événement banal va complètement changer mon orientation. Après un concert de fanfare auquel j'ai participé, nous nous retrouvons dans une boîte de nuit, avec quelques musiciens bien éméchés et le directeur, que je connais puisqu'il a été mon professeur de chant au collège. Aux petites heures du matin, dans cet endroit un peu glauque, il me pose une question qui va faire tilt.

- Tu n'as jamais pensé à la percussion classique au Conservatoire ?

Devant ma réponse claire qui révèle une sévère allergie à ce style de musique, mon interlocuteur n'insiste pas longtemps. Juste assez toutefois pour me laisser avec des questions. « Au fait, pourquoi pas ? Pourquoi ne pas prendre quelques cours de percussion ? Ça me permettrait sans doute de pallier les déficiences de ma technique de caisse claire ».

Il ne me faut pas plus de quelques semaines pour intégrer la classe de percussion du Conservatoire de La Chaux-de-Fonds. « Vous savez, c'est juste pour un ou deux semestres », ai-je pris soin de préciser au professeur.

J'en sortirai vingt-huit ans plus tard.

En plus de la musique et des bagnoles, il y a chez moi cette obsession du sexe opposé qui ne me lâche pas depuis l'expérience vécue à onze ans. L'affirmation machiste : *« Tant de filles… et si peu de temps »,* me colle à la peau. J'ai tellement à faire pour espérer mener à bien mes études que je ne trouve pas le temps pour assouvir des pulsions peu glorieuses. Certains copains fréquentent des endroits pas très recommandables, mais je ne peux que très rarement les accompagner. À l'opposé, par contre, mon côté fleur bleue toujours en quête du grand amour garde constamment mes sens en éveil.

J'ai dix-neuf ans lorsque mon frère, instituteur, m'engage pour jouer la batterie dans un spectacle avec ses élèves de neuvième. Une aubaine que je ne peux pas manquer : c'est l'occasion de rencontrer plein de jolies filles.

L'une d'elles, brune aux longs cheveux, va plus particulièrement attirer mon regard. Elle m'apparaît discrète, timide et réservée. D'une beauté naturelle et sans artifices, elle possède ce petit quelque chose d'indéfinissablement différent, qui, ajouté à la douceur de sa voix et à la pureté de ses quinze ans, va allumer en moi des sentiments qui m'étaient jusque-là inconnus. Pas question d'en faire un trophée sur mon tableau de chasse. Je le sais : cette fille vaut infiniment mieux.

Nous faisons connaissance. Elle s'appelle Jocelyne. Son père est garagiste et son frère roule en Lamborghini. « Mais elle a toutes les qualités, cette petite ! » me dis-je.

Notre relation va démarrer dès notre seconde rencontre, dans un bal du samedi soir. Un flirt d'adolescents, sans plus. Durant près de deux ans, nous nous quittons plusieurs fois, mais sans jamais y parvenir pour de bon. Nous avons besoin l'un de l'autre, mais notre absence d'intérêts communs et nos caractères diamétralement opposés compliquent singulièrement les choses. Jocelyne, de nature extraordinairement calme, peut rester dans mes bras, sans bouger, pendant des siècles, c'est-à-dire beaucoup plus que les trois secondes et demie au-delà desquelles je risque l'explosion. À cette époque, en effet, je suis une vraie boule de nerfs, sans une once de patience.

Après plusieurs essais qui se soldent par autant d'échecs, nous finissons donc par décider d'une rupture que je pense définitive.

Quelques semaines passent.

Un vendredi soir, comme à l'accoutumée, je me retrouve à la disco du coin. Les idées ailleurs, je danse sur je ne sais quel tube du moment, lorsque je la vois sur la piste, à quelques mètres de moi. Nos regards se croisent, nous restons immobiles un instant, figés, comme dans le « happy end » téléphoné d'un film à l'eau de rose. Puis nous nous précipitons dans les bras l'un de l'autre pour une étreinte passionnée et... interminable. Vrai de vrai.

Ça s'appelle le coup de foudre. C'est beau. Mais ça ne dure pas bien longtemps.

Chassez le naturel...

Jocelyne rêve de mariage et de bébés, de soirées entières enlacés sur le canapé du salon. Je rêve de grosses bagnoles et de tournées de concerts. Nous finissons pourtant par découvrir notre seul vrai terrain d'entente, position allongée, nos problèmes soigneusement enfouis sous l'oreiller.

Le séjour que Jocelyne va passer en Allemagne en tant que fille au pair va nous permettre d'éprouver nos sentiments réciproques. Notre relation va-t-elle résister au fameux adage : *« Loin des yeux, loin du cœur » ?* J'aurai la réponse dès le lendemain de son départ, réalisant vite que je ne supporte pas la séparation. Il m'est très difficile d'imaginer tout ce temps sans elle. À la première opportunité, soit un mois plus tard, je vais la retrouver pour le week-end.

Les gens qui l'ont engagée sont boulangers. J'arrive donc en terrain connu. C'est une famille unie, rayonnante, et qui dégage une atmosphère de bonheur et de paix. Ils sont cool, mais leur style de vie est pour le moins singulier. Chez eux, tout tourne autour de ce qu'ils appellent « la relation avec Dieu ». Ils disent connaître Dieu comme un ami et un confident, ils le prient tout le temps, lisent la Bible et y font constamment référence, et participent à de nombreuses réunions avec d'autres chrétiens.

Jocelyne et moi sommes interpellés par leur manière de vivre leur foi, tout simplement, et au quotidien. Une relation avec un Dieu qui semble réel, concret, tel un ami présent à leurs côtés. En comparaison, notre religion, avec ses rites et ses pratiques, nous apparaît bientôt comme une théorie abstraite et stérile.

Je rends visite à Jocelyne à trois reprises. Une toute petite chose, d'apparence insignifiante, change alors dans ma vie : je prends l'engagement de lire un passage de la Bible chaque soir, avant de me coucher. Je saurai rester fidèle à cet engagement.

Jocelyne rentre d'Allemagne après quatre mois. Nous essayons, sans grande conviction il est vrai, de trouver dans la région des chrétiens semblables à nos amis allemands. Mais il nous faudra attendre quatre années pour vivre une rencontre aussi impromptue que capitale.

Chapitre 5

LE CONSERVATOIRE

La vie et le destin de chacun de nous sont, je le crois, marqués par le contact de personnes dont l'influence, positive ou négative, directe ou indirecte, détermine nos choix et notre orientation. Sans ces personnes, nous ne serions pas devenus ce que nous sommes.

J'ai vingt et un ans lorsque, tout frais débarqué de ma campagne jurassienne, j'arrive au Conservatoire de La Chaux-de-Fonds. Comme un cheveu sur la soupe ! ai-je coutume de dire. Ou pire : comme une perruque dans la soupière ! Mon inculture n'a d'égal que… mon inculture. À tel point que j'ai osé un jour l'illustrer lors d'une interview radio, par un adage bien connu, adapté à mon cas : *« La culture, c'est comme la culture, moins on en a, moins on en a ! »*

Il y a d'abord chez moi cette méconnaissance totale de la musique classique. Une musique dont la simple évocation fait juste ressurgir le souvenir d'enfance d'un dentiste, bourré de tics, qui me fraisait les dents sans anesthésie en écoutant du Wagner. Un vrai traumatisme.

Puis, il y a toute la difficulté de m'adapter à un monde qui m'est totalement étranger, un monde de gens cultivés et raffinés, issus pour la plupart de la bonne société bourgeoise, voire aristocratique de la région. Des gens certes complaisants à mon égard, mais tellement différents des milieux que je fréquente.

Très vite pourtant, je sens que mes présuppositions négatives face à ce « nouveau monde » sont erronées et sans fondement. Je m'émerveille de découvrir, grâce aux gens passionnés qui m'entourent, les trésors d'une musique qui va très vite susciter en moi des émotions insoupçonnables.

Avec une infinie reconnaissance, je me plais aujourd'hui à évoquer les noms de celles et ceux à qui je dois tout dans mon parcours musical, et à qui je dois beaucoup dans mon cheminement personnel et humain. Marie-Lise de Montmollin, Pierrette Péquegnat et Yves Senn ont été les professeurs qui m'ont le plus fortement marqué par leur rayonnement et leur passion à me transmettre tout leur savoir. Mais avant eux, le premier sur la liste, le premier à avoir cru en moi et à m'avoir porté, supporté, encouragé et coaché durant mes études professionnelles, a été Jacques Ditisheim, mon professeur de percussion.

Ditis, ou Dushmoll pour les intimes, c'est un personnage. Son côté exubérant et parfois déjanté me laisse de prime abord un peu perplexe, mais je ne tarde pas à réaliser que c'est sa manière à lui de montrer, toujours au deuxième degré, qu'il ne se prend pas au sérieux. Pourtant, il l'est, sérieux. Dans son travail, dans ses relations, dans ses amitiés et dans ses engagements.

Il s'investit avec moi comme avec chacun de ses autres élèves. À cent pour cent. Peut-être même un peu plus, d'ailleurs, puisque, s'il s'avère que je possède quelque talent, celui-ci est vraiment bien caché et Jacques a le mérite de creuser assez profondément pour le déterrer.

En plus d'un pédagogue d'exception, il est pour moi comme un grand frère. Un ami fidèle, disponible et toujours à l'écoute. C'est à ses côtés que je fais mes premiers « services » en tant que percussionniste dans diverses formations, de l'orchestre de chambre à l'orchestre symphonique.

Jacques a confiance en mes capacités, mais il ne peut se douter combien souvent je frôle le pire en luttant contre l'intensité du trac qui me tenaille et me paralyse.

Les résultats lui donnent pourtant raison puisque je finis par réussir à tirer mon épingle du jeu, non sans quelques bourdes mémorables mais sans grandes conséquences.

Morceaux choisis :

Je suis un jour engagé pour un concert à Rome. C'est une œuvre de Schoeck, compositeur contemporain, dans laquelle le percussionniste joue, en tout et pour tout, un seul coup de gong (ça ne s'invente pas !) Le chef m'a mis en garde. « C'est très délicat ! La dernière fois, le percussionniste l'a mis juste à côté ».

Merci de faire appel à moi. Très honoré.

Le concert commence. J'ai à compter quelques centaines de mesures avant le fameux coup de gong, et j'éprouve bien des difficultés de concentration. Mon problème sera... la superbe brune assise au second rang et sur qui mon regard s'attarde juste assez longtemps pour m'embrouiller dans mon décompte. Suis-je une mesure en avance ou une mesure en retard ? Je n'oserai jamais le demander au chef qui me jette un regard de dépit au moment où je plante le fameux coup complètement à l'ouest. « Je vous avais dit que c'était délicat ! » me dira-t-il après le concert. Bon, je pense que le public n'y a vu que du feu.

Ce ne sera pas toujours le cas.

En vue de mon examen de diplôme, Jacques a organisé au Conservatoire une audition dans laquelle je présente mon programme. Le gros morceau, c'est une fugue de Bach au marimba, sorte de grand xylophone, qui se joue à quatre baguettes. La partition s'étale sur cinq grandes feuilles soigneusement disposées devant moi.

Impossible à lire, il faut jouer tout cela par cœur.

Je me lance donc à l'attaque de ce monument. Je suis bien dans le coup quand, brusquement, je perds le fil et m'arrête tout net. « Mais où ? Où suis-je donc ? » Je recherche l'endroit sur les trois feuilles centrales. Les secondes qui suivent, dans un silence général, me paraissent une éternité.

Que faire ?

La seule solution est de recommencer au début. Second départ donc et… second arrêt. Sans doute au même endroit.

C'est long, une seconde, parfois. Les copains dans la salle me jurent que j'ai passé près d'une minute à regarder de près et de loin cette fichue partition. Je finis par renoncer et par sortir de scène en poussant mon instrument, non sans avoir bredouillé quelque chose de maladroit, du genre : « Bon… ben… tant pis ! »

Quand je vous disais que le ridicule ne tue pas.

Outre ma capacité d'encaisser les coups, capacité sans doute liée à mon handicap de bégaiement, la volonté et la persévérance sont mes deux qualités premières. Je m'accroche en travaillant plus que quiconque. Il faut que j'y arrive, car je sais que je n'ai pas d'autre perspective. Ces qualités n'échappent à personne, surtout pas à Ditis qui invente pour moi une mention spéciale, « la mention à Bieri : *Se donne, en a, en fait* ». En français dans le texte : se donne de la peine, a de la peine, fait de la peine.

Son humour me fait du bien. Il n'est jamais blessant, mais m'apprend à relativiser.

En plus, dans les études, il y a toutes les branches théoriques, le solfège, la dictée musicale, l'harmonie, le contrepoint, et tout le reste.

À force de travail, j'arrive à suivre, tant bien que mal, mais toujours plus péniblement.

Jusqu'à ce que des circonstances familiales douloureuses viennent compliquer encore davantage mon existence.

Comme si l'étau se resserrait sur ma vie.

Au moment où je me lance dans les études de musique, mon père vit une suite d'épreuves qu'il supporte très mal. Il a alors déjà septante ans et je l'entends encore me déclarer un jour : « La vie ne m'intéresse plus ! » Une parole que je ne prends pas au sérieux, trop occupé que je suis à mes petites affaires.

Pourtant, dès ce moment, papa arrête de se battre et se laisse emporter dans une très lente mais inexorable dégénérescence. Les conséquences sont d'abord de petites bêtises qui nous font rigoler.

Mais bientôt, nous ne rigolons plus.

Voir ton père, que tu aimes et dont tu as été si fier, faire ses besoins à côté des toilettes, se promener en chemise de nuit dans le village ou se déshabiller dans l'appartement a quelque chose d'insupportable.

Ma hantise, lorsque je rentre le week-end, tard dans la nuit, c'est de trouver la lumière allumée dans la chambre de mes parents. Je sais ce que ça signifie. Un accident nocturne de plus. Maman a dû changer les draps une énième fois et relever papa, tombé du lit et dans l'impossibilité de bouger. Un vrai cauchemar.

Maman refuse toute prise en charge synonyme d'un placement de papa dans une maison spécialisée. « Non, il n'ira pas à l'hospice ! » répète-t-elle. Pendant des mois, elle ne dort que deux à trois heures par nuit et finit par tomber dans une violente dépression. Remontrances, pleurs, cris, l'ambiance à la maison devient celle d'un asile de fous.

J'ai un chien à cette époque-là. J'avoue avoir souvent songé que je l'abattrais de mes propres mains si je le voyais souffrir comme souffrent alors mes parents. Une pensée me harcèle : « Si tu les aimais vraiment, tu aurais le courage de les supprimer ».

Il n'y a pas de solution. C'est juste insoutenable, et je n'ose imaginer comment tout cela va finir.

Chapitre 6

LA RENCONTRE

Dans cette situation familiale douloureuse, la passion des voitures est plus que jamais l'exutoire par lequel j'essaie de combler mal-être intérieur et frustrations. Mais j'éprouve bien des difficultés avec ma dernière acquisition, une puissante Mercedes 450 SE.

Comme pour d'autres caisses, je l'ai achetée accidentée, puis réparée et « tunée » avec l'aide du frère de Jo. Elle me coûte trop cher, et je ne parviens pas à la revendre. Impossible de me payer le luxe de la rouler plus longtemps, même si « ça le fait » d'arriver au Conservatoire avec ce « monstre ».

Un jour, un client potentiel m'appelle pour la voiture. Le soir même, je vais la lui présenter. Après une course d'essai qui me coûtera quatre-vingts francs de radar – ça commence bien ! – nous discutons l'affaire avec le monsieur et son épouse.

- Nous sommes vraiment intéressés, concluent-ils. Mais nous devons attendre le feu vert du Seigneur.

Le feu vert du Seigneur ?! C'est quoi encore que ce bazar ?

- Et comment vous voyez que ça passe au vert ?

- Nous prions. Le Seigneur va nous montrer.

Ben voyons ! Élémentaire.

Je me laisse aller à la curiosité de poser quelques questions. Avec enthousiasme, ils me parlent alors de leur vie, de leurs galères et de leur expérience de « conversion ». Cela fait deux ans qu'ils ont, comme ils disent, donné leur vie à Jésus. Ils prétendent avoir vu et expérimenté des miracles invraisemblables.

C'est passionnant de les écouter. À tel point que j'y passe la nuit. Le jour est déjà levé lorsque je les quitte, vers cinq heures du matin.

Je m'empresse de parler de tout ça à Jocelyne.

Nous nous rappelons alors que, trois mois plus tôt, un copain est passé nous voir pour nous inviter à une rencontre chrétienne. N'osant pas refuser, nous nous y sommes rendus.

Une soirée plutôt sympa, à l'image de celles que Jo avait vécues en Allemagne. À la fin, le prédicateur a demandé à tous ceux qui ne connaissaient pas la paix avec Dieu de le signaler en levant la main. Après quoi, il a simplement fait une prière pour que Dieu se révèle à ces personnes. Jo et moi avons levé la main, sans plus.

Nous sommes donc quelque peu troublés par le souvenir de cette soirée et la rencontre des supposés futurs acheteurs de la Mercedes. Ces derniers nous ont donné l'adresse de leur église, une petite communauté évangélique dont nous ignorions l'existence et qui se trouve à Porrentruy. Le moment est peut-être venu pour nous de faire un pas de plus.

Nous prenons rendez-vous avec le pasteur. Après tout, ça ne peut pas être pire que ce que j'ai essayé jusque-là avec mes parents. Du yoga aux guérisseurs, je les ai même emmenés à une initiation à la Méditation transcendantale. Des trucs qui n'ont eu d'autre effet que de nous ponctionner de l'argent et de nous laisser un peu plus « dans le jus ».

Accueillis par les sourires rayonnants des enfants, nous retrouvons dans la famille du pasteur Georges Fleury l'atmosphère particulière à laquelle nous avons goûté en Allemagne. Nous passons la soirée à discuter de Dieu et de la Bible.

En conclusion, le pasteur nous encourage vivement à laisser notre existence entre les mains du Seigneur, ce qui suscite en moi des questions que je n'ose poser. « Et il va en faire quoi, de ma vie, le Seigneur ? Qu'est-ce que ça implique ? À quoi devrai-je renoncer ? »

En fait, je préfère ne pas savoir. Je ne suis pas prêt du tout à lâcher ce à quoi je tiens.

Nous prenons congé en promettant de réfléchir à tout ça et de donner des nouvelles. Mais nos idées sont déjà ailleurs.

Nous sommes en juillet 1985. Nous partons en Espagne quelques jours plus tard pour de vraies vacances, comme nous n'en avons jamais faites. Car les vacances, nous avons déjà essayé, Jo et moi, mais dès le second jour, nous n'avions plus rien à nous dire. Là, en équipe, c'est différent. Je suis dans mon élément et je ne rate pas une occasion de me faire remarquer. Nous faisons la fête et nous nous éclatons comme des fous.

Enfin... pas tous.

Jocelyne ne s'amuse pas vraiment. Elle finit par s'en plaindre, après une soirée où je me suis lâché comme jamais. « Mais enfin... tu te comportes comme si je n'existais pas ! Tu penses que tu l'aurais remarqué, si je m'étais volatilisée ? »

Honnêtement… non. Mais je ne peux pas le lui dire. D'autant que je ne vois pas où est le problème, et qu'en plus, sa question me met en boule. Comment peut-elle gâcher la fête avec pareille futilité ? Est-ce ma faute si elle n'a pas dit un mot de la soirée ?

Une violente dispute éclate. Par crainte que la colère ne me pousse à des paroles ou des actes que je pourrais regretter, je quitte la chambre. La rage au ventre, je sors dans la rue pour tenter de calmer mon bouillonnement intérieur.

Il est deux heures du matin. Tout est calme. La douceur et la sérénité de cette belle nuit d'été contrastent violemment avec la tempête qui sévit dans mes pensées. Car les moments de plaisir et de bonheur vécus depuis quelques jours m'avaient fait oublier tout le reste : l'enfer de la situation de mes parents, les difficultés dans mes études, mon mal-être et mes idées noires.

Et là, tout me revient en pleine g…

Désemparé, le regard tourné vers le ciel, comme pour implorer le secours d'en haut, je suis fasciné par la beauté et l'immensité du firmament. La perfection si majestueuse de l'infiniment grand accentue alors en moi un sentiment d'infiniment petit. Je réalise toute ma fragilité humaine, toute la vanité de mes efforts dans le combat inégal que je mène pour exister.

Une question trouble mes pensées : « Si tu ne parviens pas à gérer ta vie dans les circonstances les plus favorables, comment pourras-tu faire face dans les moments difficiles ? »

Curieusement, cette question résonne en moi comme si Dieu lui-même me la posait. « Est-ce que c'est ça, entendre la voix de Dieu ? Est-ce que c'est toi qui me parles, Seigneur ? »

Le temps semble s'arrêter, alors qu'au fond de moi le combat fait rage. Je sais que je vis un moment crucial. Comme un rendez-vous fixé par Dieu à la croisée des chemins. D'un côté le chemin large, facile, sans contraintes ni exigences, si ce n'est d'accepter de suivre, comme un mouton, les règles et les diktats établis par ceux qui vous manipulent « à l'insu de votre plein gré ». De l'autre, un sentier inconnu, escarpé, difficile, et dont l'issue supposée, au-dessus des nuages, ne repose que sur un sentiment très subjectif qui s'appelle la foi.

Je finis par capituler.

« Mon Dieu, je réalise que je n'y arrive pas tout seul. Je veux te confier ma vie et te laisser me conduire là où tu veux ».

Je ne serai plus jamais le même après cette simple prière.

De retour auprès de Jo, je m'empresse de m'excuser pour mon comportement et je lui fais part de la résolution que j'ai prise. Je veux, comme il me l'a été suggéré, donner ma vie à Jésus. Je ne veux plus vivre la foi comme une théorie stérile, mais apprendre à connaître Dieu, comme les vrais chrétiens le connaissent. Peu importe les conséquences.

J'ai fait le choix de la foi. Pour le reste, on verra bien.

Le jour même, avec Jo, nous nous attaquons aux grandes décisions : nous allons nous marier l'an prochain et… vivre la chasteté jusqu'au mariage. Curieusement, et bien que nous n'ayons jamais évoqué l'éventualité de nous priver de ce qui fonctionne le mieux entre nous, ce choix s'impose tout naturellement. En moins de temps qu'il n'en faut pour l'écrire, la boîte de pilules contraceptives finit à la poubelle.

Nous avons conscience, tous les deux, d'être entrés dans une ère nouvelle de notre existence, même si Jocelyne n'est pas encore prête à m'emboîter le pas sur le chemin de la foi. Prudente, elle attend de voir des changements plus concrets pour se décider.

Son attente ne sera pas longue.

La nuit suivante me donne déjà l'occasion d'une première expérience. Plutôt que de faire la java, nous nous retrouvons, avec nos amis, à refaire le monde, jusqu'au petit matin. Nous évoquons les grandes questions existentielles, le sens de la vie, etc. Curieusement, je me sens déjà différent dans ma manière d'appréhender les choses. À plusieurs reprises dans la discussion, je me surprends à répondre à une question par une explication que je ne suis pas censé connaître. Comme si ce n'était pas moi qui parlais ou que, dans mon intellect, un tiroir qui m'était inconnu jusque-là venait de s'ouvrir.

Après analyse, je suis convaincu que ma lecture de la Bible, durant quatre ans, a gravé dans mon subconscient les « informations » à l'origine de ce savoir que je ne me connaissais pas.

J'ai vingt-cinq ans lorsque s'ouvre devant moi cette nouvelle étape de vie. Je suis alors très loin d'imaginer jusqu'où ce chemin va me conduire.

Chapitre 7

NOUVELLE VIE

De retour des vacances, je parle à ma famille de ma conversion, du choix que j'ai fait de laisser Jésus diriger ma vie. Les réactions sont diverses : mon frère est convaincu que cette dernière « trouvaille » ne fera pas long feu. Ma mère frise la crise de nerfs.

- Comme si nous n'avions pas assez de problèmes ! hurle-t-elle. Il faut encore que tu te fourres dans une secte !

Je ne suis pas sorti de l'auberge...

Mon père, qui ne parvient presque plus à s'exprimer, laisse quant à lui entrevoir un point positif. A-t-il déjà senti quelque chose de différent en moi ? Maman l'affirme, car, dès ce moment, ma seule présence semble le rassurer et l'apaiser.

Malheureusement, je suis absent la plupart du temps à cause de mes études, et ses dysfonctionnements, toujours plus imprévisibles, rendent la situation ingérable à la maison. De jour comme de nuit, il accumule les bêtises parfois les plus humiliantes, pour lui comme pour son entourage.

Un jour, alors qu'il se trouve seul, il met le feu à la cuisine. C'est un miracle que les flammes ne se propagent pas au reste du bâtiment. Je le retrouve, indemne – et impassible –, au milieu de ce désastre.

Nous n'avons plus d'autre alternative que de le placer dans un foyer pour personnes âgées.

De toutes mes forces, je m'accroche pourtant à l'espoir de le voir guérir. J'entends parler des miracles que Dieu opère encore aujourd'hui et je veux y croire jusqu'au bout, même si son long déclin finira bientôt par le laisser dans l'état de dépendance d'un enfant de quelques mois. Il n'est dès lors plus capable de marcher, de parler, ni même de s'alimenter.

Suivant le conseil d'un ami pasteur qui le visite fidèlement, je découvre un moyen aussi inattendu que privilégié pour communiquer avec lui : la lecture de la Bible et la prière. Ça marche ! Suspendu à mes lèvres, les yeux écarquillés, papa semble vouloir s'accrocher désespérément à mes paroles, chaque fois que je commence à lire un passage biblique ou à lui parler de Dieu.

Je lui rends visite très souvent et nous passons ensemble des moments d'une rare intensité.

Je me suis mis en tête de lui réapprendre à marcher. Il progresse. D'abord juste quelques pas, puis toujours plus loin.

Le plus beau, c'est de pouvoir le serrer dans mes bras et lui dire que je l'aime, et combien je suis fier de lui. Des gestes et des mots qu'un sentiment de gêne et de fausse pudeur nous a volés, il y a trop longtemps.

Comme une perle précieuse, la beauté de la larme qui coule alors sur sa joue efface pour un instant l'impitoyable laideur de la maladie.

Entre-temps, dans la vente de la Mercedes, le feu n'est jamais passé au vert. Malgré cela, nous rejoignons l'église de mes ex-futurs acheteurs. Nous y sommes accueillis à bras ouverts par ce petit groupe qui deviendra très vite notre seconde famille.

J'en conviens volontiers, c'est avant tout cette dimension d'amour fraternel qui nous a attirés dans cette église qui porte bien son nom : La Fraternité Chrétienne.

Les gens que nous y rencontrons débordent de l'enthousiasme de vivre et de communiquer leur foi, mais aussi et surtout, d'apporter de l'aide et du soutien autour d'eux, par la prière et par des actions concrètes. Quel contraste avec la lourdeur et l'aspect parfois théâtral des cérémonies que j'ai connues dans l'église de mon village !

Les changements survenus dans ma vie ne passent pas inaperçus. Mes amis et connaissances remarquent très vite la différence dans ma manière d'être et de me comporter.

Jocelyne ne me reconnaît plus. Elle m'avoue s'être demandée comment elle a pu tomber amoureuse du « paquet de nerfs » égoïste, arrogant et prétentieux avec qui elle est sortie pendant six ans. Elle peine à croire que je suis devenu celui dont elle rêvait : un garçon tendre, affectueux et attentionné – Ça, c'est elle qui le dit ! –

Incidence directe : les factures de téléphone. Auparavant, notre seule et unique conversation téléphonique hebdomadaire ne durait guère plus d'une minute. Là, nous y passons des heures. Nous avons tant de choses à nous dire que nous éprouvons toutes les peines du monde à nous passer l'un de l'autre.

En conséquence, quelques semaines plus tard, Jocelyne se décide à me rejoindre sur le chemin de la foi.

C'est beau l'amour.

Mais le vrai, celui qui dure, il faut le construire. Nous allons l'apprendre dans cette année d'abstinence que nous nous sommes imposée.

Car, puisque l'oreiller ne peut plus cacher nos problèmes, ceux-ci n'attendent pas longtemps pour ressurgir. Mais nous sommes cette fois équipés et accompagnés pour les affronter. Bientôt, nous nous rendons compte que tout ce que nous avons réussi à construire en six ans de fréquentations n'est que « château branlant ». Comme une maison construite sans fondations. Une pure utopie, sur le long terme.

Il nous faudra creuser, profondément, afin d'établir notre relation sur des fondements solides. Une tâche difficile, source de beaucoup de larmes, de doutes et de profondes remises en question.

Je réalise que je voulais faire rentrer Jocelyne dans le petit moule que j'avais concocté pour elle, jusqu'à la manipuler et la modeler à l'image que je désirais obtenir.

Je vais devoir apprendre à la laisser exister, se découvrir et grandir dans son identité et sa personnalité.

Ce temps extraordinairement bénéfique nous permet, avec l'aide de personnes compétentes, d'aller au fond des choses et de bâtir les ponts qui transformeront peu à peu les opposés de nos caractères en une complémentarité qui nous rend plus forts.

Nous réalisons que nous étions, jusque-là, simplement bons copains, et bons amants. Mais pas vraiment amis. Nous commençons alors à goûter au bonheur d'une amitié vraie, avec laquelle grandit, peu à peu, une insoupçonnable complicité.

« Il y a dans le cœur de l'Homme un vide en forme de Dieu », disait Blaise Pascal. Ce vide intérieur, que je ressentais tellement fort et que j'essayais de combler par mes passions, s'estompe de plus en plus. Il est remplacé par la sérénité et l'extraordinaire sensation de liberté que j'ai découvertes dans ma nouvelle vie avec Jésus-Christ.

C'est grisant de pouvoir enfin dominer ce qui a été « plus fort que soi ». Le sexe, par exemple. Alors que, durant des années, le manque se faisait sentir au-delà de vingt-quatre heures d'inactivité, je vais gérer plus d'un an d'abstinence totale sans le moindre problème.

Pourtant, si certains « liens » sont très facilement coupés, d'autres résistent longtemps.

Le plus coriace aura été ma passion des bagnoles.

Une sale bête celle-là. Et qui s'est aménagée une place bien au chaud dans mes pensées.

Durant plusieurs mois, je prie pour être délivré de cette addiction. Sans succès. Il faudra toute la pédagogie divine pour me faire découvrir le nœud du problème. Et pour que je réalise que Dieu nous délivre de nos ennemis, pas de nos amis.

Un soir, seul dans mon petit appartement d'étudiant, je médite tout en travaillant mes gammes au vibraphone. « En fait, me dis-je, pour être franc, c'est cette passion des bagnoles qui occupe la première place dans mes pensées… Ce n'est donc pas Dieu qui l'occupe, cette première place ».

Élémentaire.

« Comme, dans la Bible, le premier des dix commandements prescrit d'aimer Dieu plus que tout, je suis déjà hors course… » Bon… Là, j'ai un argument massue : je prie et Dieu ne m'aide pas. Je fais mon possible. L'impossible, c'est à lui de le faire, pas à moi.

Je continue ma réflexion.

« Ma passion des belles bagnoles passe également avant Jocelyne ». Aïe ! Ça, c'est plus embêtant… mais c'est gérable pour autant que Jo ne pose pas de question embarrassante sur le sujet.

« Alors ? Que reste-t-il ? Il reste… mes parents ! »

Je m'arrête net.

À ma grande honte, cette intolérable vérité m'arrive comme un poing dans la figure.

En réalité, je suis plus préoccupé par mes histoires de bagnoles que je ne le suis par mes parents.

Cette pensée m'est insupportable. Il faut faire quelque chose. Il faut que ça s'arrête.

C'est alors que surgit l'inspiration qui va tout changer.

Je possède un petit album de photos que j'aime admirer et exhiber fièrement pour montrer toutes les belles caisses que j'ai déjà possédées. Cet album m'est précieux. Très précieux. Il représente, en grande partie, ma valeur, mon identité. Mais il représente également les liens qui m'ont retenu prisonnier trop longtemps.

Il sera la clé de ma liberté.

Il est près de minuit lorsque je sors dans la petite ruelle, là où j'habite. Accroupi au-dessus d'une grille d'égout, je retire les photos de l'album, une à une. Puis, sans hésiter, à l'aide d'un briquet, j'y mets le feu.

Cet acte, symbolique, produit une délivrance, un sevrage, instantané, miraculeux et sans douleur. Mon addiction disparaît en fumée.

Je suis libre.

Concrètement, ça veut dire que la convoitise, ce besoin insatiable et continu de posséder telle ou telle bagnole, besoin qui me nouait les tripes et obsédait mes pensées, a complètement disparu. Et avec lui ma soif de vitesse et de me distinguer sur la route. Je me sens léger, comme transporté par un vent de liberté intérieure, frais et bienfaisant.

Je prends alors la pleine mesure de la puissance qui m'a tenu captif pendant toutes ces années. Conséquence, la vieille Citroën pourrie – c'est un euphémisme – que je possède à ce moment-là, devient la première voiture avec laquelle j'éprouve un réel plaisir.

Incroyable, mais vrai !

Tout cela laisse mon entourage perplexe. Certains ne me croient pas, d'autres pensent que je suis devenu fou. Jocelyne remercie le ciel de ce que je ne suis plus l'irascible chauffard qu'elle a connu par le passé.

Quant à moi, je me délecte de cette sensation de liberté chaque jour renouvelée. Je finirai par trouver un acheteur pour la Mercedes, non sans avoir perdu pas mal d'argent dans l'affaire. Mais je pourrais ajouter un long – très long – chapitre à ce livre, en relatant toutes les bénédictions vécues avec mes voitures, depuis lors.

Aujourd'hui, vingt-cinq ans plus tard, je prends toujours beaucoup de plaisir à tourner autour d'une belle carrosserie ou à entendre rugir un moteur – Ah, la symphonie italienne d'un V8 Ferrari ou d'un V12 Lamborghini… Ça aussi, c'est de la musique ! – Mais c'est un plaisir d'enfant, innocent et en toute liberté. Un plaisir que jamais la plus petite envie ou la plus insidieuse convoitise ne vient gâcher.

Dans le désir de ne rien cacher et d'aller au bout des choses, je ne peux passer sous silence un événement pour le moins marquant, survenu durant cette période de transformation, parallèlement à ce que je viens de relater.

Comme nous participons, Jo et moi, à toutes les activités de l'église, nous nous rendons à une réunion spéciale organisée chez le pasteur.

Une soirée où l'on va parler de délivrance.

La délivrance est un sujet tabou. C'est une pratique qui fait peur, car beaucoup de gens la confondent avec l'exorcisme. Si le but poursuivi est – ou est censé être – le même, les moyens et les puissances employés ne le sont pas. L'exorcisme est une forme de magie blanche parfois à peine déguisée, alors que la délivrance – la vraie – repose sur la mise en pratique des actes démontrés par Jésus dans les évangiles pour libérer les personnes en proie à diverses formes de possession démoniaque.

Jo et moi ignorons à peu près tout de cela. Ce dont nous sommes convaincus, c'est que nous n'avons aucunement besoin de délivrance. Nous sommes venus juste pour assister dans la prière ceux qui n'ont pas ce privilège.

La soirée se passe très naturellement, sans aucune forme de mysticisme.

À un certain moment, assis sur ma chaise, je commence à ressentir de légers picotements dans les doigts. J'ai bientôt des fourmis dans les mains, bien que j'essaie de les relaxer en les secouant. Lorsque mes doigts commencent à se crisper et que mes poignets se tordent vers l'intérieur, une douleur de plus en plus vive se fait sentir.

« Mais qu'est-ce qui m'arrive ? »

J'interpelle le pasteur. Toute la petite assemblée se concentre sur moi.

Mes mains semblent comprimées dans un étau qui se resserre de plus en plus. Pris de panique, m'attendant à ce que, d'un moment à l'autre, mes poignets se brisent, je crie de douleur.

Le pasteur s'adresse alors, avec force et conviction, à la puissance qui me tient, sans toutefois savoir réellement à quoi il a affaire.

Quelques minutes, interminables, s'écoulent. Puis mes mains se décrispent et la douleur me quitte comme elle était venue.

Nous sommes dans l'expectative, nous perdant en conjectures quant aux causes de cette manifestation démoniaque.

Quelques mois passent.

Un jour, alors que je me documente en lisant un livre relatif à la délivrance, je suis attiré par un chapitre qui traite de l'esprit de suicide. *« Celui-ci,* prétend l'auteur, *lorsqu'il est chassé, se manifeste par des fourmillements dans les mains »*.

Soudainement, je réalise que, depuis ce fameux soir, je ne suis plus obnubilé par les pensées suicidaires qui m'ont hanté si longtemps. Des pensées que j'avais acceptées comme faisant partie intégrante de ma personnalité, et qui étaient intimement liées à l'esprit de mort et de fascination morbide qui les accompagnait. Car il ne se passait pas un jour sans que je ne pense au suicide.

En voiture, par exemple, en voyant un arbre en bordure de la route, je m'imaginais le percuter avec un bolide lancé à plus de deux cents à l'heure.

Dans les concerts, également, j'étais sans cesse harcelé par des pensées qui me poussaient à saccager le programme pour être à jamais radié du monde de la musique classique. Une forme de « suicide professionnel » qui, ajoutée à mes difficultés de concentration, me compliquait singulièrement la tâche.

Tout cela a totalement disparu. Sur ce point aussi, je suis réellement libre. Je n'ai plus à avoir peur de moi-même, peur de ce qui, au plus profond de mon être intérieur, était « plus fort que moi ».

L'intensité des expériences vécues en relativement peu de temps, ainsi que les changements profonds dans ma vie, sont difficiles à gérer. C'est tellement fort que je ne peux m'empêcher d'en parler partout alentour. Et, comme il m'est difficile de trouver les mots justes pour expliquer l'inexplicable, la démarche est très souvent mal interprétée. D'autant plus que la sagesse la plus élémentaire est vite noyée sous la déferlante de mon enthousiasme.

Beaucoup ne comprennent pas, se méfient. Le bruit circule que j'ai rejoint une secte, que j'ai subi un lavage de cerveau.

La maladresse avec laquelle j'essaie de me montrer convaincant, à coups de versets bibliques, ne manque pas d'alimenter ces rumeurs. Je désire partager mes expériences, mais ma manière insistante et parfois inadéquate de communiquer fait fuir les gens. Je vis cela vraiment comme une souffrance.

Je vois certains de mes amis dans les prisons où j'ai passé tant d'années et j'essaie en vain de leur proposer la clé de la liberté. Je me retrouve avec le sentiment d'être habité par une puissance de vie extraordinaire, que je ne peux contenir, mais que je suis incapable de partager autour de moi. Comme si je disposais d'un remède miracle qui m'avait guéri du cancer, mais dont aucun autre malade ne voulait.

Ce n'est pas faute d'essayer, de réfléchir, de chercher, de prier. Ça ne marche pas.

Avec l'humour de Dieu et par un sublime clin d'œil du destin, je trouve la solution à ce problème tout au fond de mes souvenirs, dans une remarque, ironique et blessante, que j'ai trop souvent entendue.

- Si tu n'peux pas l'dire, alors… chante-le !

Merci la VIE !

Chapitre 8

PREMIÈRES COMPOSITIONS

Le goût de la poésie, doublé d'un certain sens de la rime, ne m'est pas étranger. Ce n'est donc pas vraiment le fait du hasard si l'écriture et la composition deviennent mon moyen d'expression privilégié. Je découvre avec elles l'incomparable bienfait de pouvoir libérer, par la chanson, des émotions restées jusque-là prisonnières de mes pensées.

Après un certain nombre d'essais plus ou moins maladroits, ma première vraie composition prend naissance le 14 février 1986. Je suis, ce jour-là, plus amoureux que jamais et... désespérément seul, loin de ma promise, dans mon appartement d'étudiant.

Trois accords de piano suffisent pour qu'un embryon de chanson se dessine. La chanson s'appellera : « La vie avec toi ».

Un texte tout simple, mais que je mets pourtant plusieurs mois à terminer.

Finies les années, finis les jours et les nuits
Où tout mon être soupirait après toi
Pour moi le meilleur commence aujourd'hui
Le pire c'était de vivre loin de toi

Avec toi, j'ai l'amour
Avec toi, j'ai la vie
J'ai la vie pour toujours
Et l'amour pour la vie

Aurai-je assez de temps pour t'aimer
Assez de jours, assez d'années pour toi
Aurai-je assez de mots pour chanter
Assez de notes pour jouer

Et quand viendra l'automne dans nos vies
Lorsque les rides auront gagné nos fronts
Notre amour, lui, n'aura pas vieilli
Je te chanterai toujours cette chanson

C'est le cadeau de mariage que je cherchais. Une belle surprise pour la fin de la cérémonie.

Le mariage a lieu six mois plus tard, le 9 août, et en grande pompe : mon beau-frère a sorti sa Rolls Royce pour l'occasion. C'est cool, mais ce n'est que la cerise sur le gâteau.

Le gâteau, c'est la mariée !

Jusqu'au dernier moment, j'ignore que je vais épouser une princesse. Lorsque Jo sort de chez elle, je suis sans voix, sous le choc, au point de me sentir mal. Couturière aux doigts de fée, elle a passé des semaines pour concevoir et créer sa robe, sur laquelle elle a cousu, avec une patience d'ange, des centaines de petits brillants. Pour couronner le tout, un superbe diadème, lui aussi fait maison, souligne la sobriété d'une coiffure et d'un maquillage parfaits.

Elle est sublime.

De quoi inspirer quelque grand couturier pour le prochain « mariage du siècle ». Car il n'y a que la longueur de la traîne qui ne soit pas aux normes de Buckingham Palace.

On voudrait que le temps s'arrête.

Toutefois… pas de la manière imaginée par notre pasteur : après quarante-cinq longues minutes, il ne semble toujours pas envisager de conclure sa prédication.

Il fait chaud. Mais bon, on en rigole aujourd'hui.

La photo de famille, par contre, avec papa qui se tortille dans sa chaise roulante, incommodé par les conséquences d'un désagréable incident, nous laisse un souvenir pénible. L'occasion de préciser que mon parcours de foi n'a pas été un long fleuve tranquille.

Loin s'en faut.

Combien de déceptions, de frustrations et d'incompréhensions n'ai-je pas eues à affronter ? Combien de moments de découragement, lorsque tu constates que tu as confondu foi et illusion, et que les circonstances te forcent à reconnaître que Dieu, décidément, ne marche pas dans tes combines, même celles que tu croyais les plus « inspirées » ? *Car mes pensées ne sont pas vos pensées,* dit Dieu, *et vos voies ne sont pas mes voies* (Ésaïe 55, 8)

Combien de fois ne me suis-je pas fourvoyé en pensant qu'il allait agir, ou répondre, de telle ou telle manière ? Combien de fois n'ai-je pas été confronté à des situations difficiles, incompréhensibles ou inacceptables ?

Il m'aura fallu beaucoup de temps pour comprendre quelques bribes d'une pédagogie divine toujours bienveillante, mais souvent déconcertante. Beaucoup de temps également pour reconnaître mon orgueil et ma suffisance. Pour apprendre que, plus j'apprends, plus je réalise que j'ai tout à apprendre. Et pour enfin appréhender cet apprentissage, non comme une punition, mais comme la découverte d'un trésor d'une infinie richesse.

Oui, bien des choses ne se passent pas comme je l'avais imaginé. J'arrive sans trop de peine à gérer ce qui ne concerne que moi : le bégaiement dont je ne suis pas guéri, le trac que je ne parviens décidément pas à vaincre. Mais je vais connaître un temps particulièrement difficile.

Un matin, le lendemain de l'épisode de la délivrance, alors que je me pose encore mille questions sur cet événement si troublant, je reçois un appel téléphonique de la maison de retraite où se trouve papa.

- Votre père s'est étouffé en prenant son repas, me dit-on. Il est décédé.

Je ne peux pas le croire. Tout s'écroule. Je suis anéanti. Le temps de prévenir Jocelyne et je saute dans ma voiture. Arrivé sur place, toujours incrédule, je demande à voir mon papa. On m'indique la pièce où il se trouve et j'y pénètre. Seul.

C'est bien lui. C'est mon père. Il est mort.

Comme un animal blessé, je hurle ma douleur et mon désespoir. « Pourquoi ? Pourquoi, mon Dieu ? Pourquoi ne l'as-tu pas guéri ? Pourquoi est-il mort tout seul, alors que je t'avais demandé de pouvoir l'accompagner jusqu'au bout, si tu ne le guérissais pas ? »

J'aurai un jour les réponses à ces questions. Plus tard.

Pour l'heure, je suis déchiré par la souffrance et tenaillé par un cruel sentiment d'inachevé.

Je rentre chez moi, en fin de soirée, après avoir réglé toutes les formalités d'usage. Sur la route, une phrase, portée par quelques notes, s'impose à mon esprit. « Sais-tu combien j'étais fier de toi, papa ? »

J'aurais tellement voulu qu'il quitte ce monde sur ces paroles... Je les lui avais dites souvent, mais là... c'est comme s'il manquait quelque chose.

Suivant la petite voix qui semble me parler intérieurement, je ne reste que quelques instants auprès de Jocelyne. Je passe la nuit sur le piano de la salle de percussion du Conservatoire. À pleurer et à prier : « Seigneur, donne-moi les mots d'un dernier message pour mon papa !. » Au petit matin, j'ai écrit et composé « Hommage », une chanson qui évoque toute la relation avec mon père, dès avant ma naissance et jusque dans l'éternité. Le texte est puissant. Je sais qu'il m'a été divinement inspiré, en réponse à ma prière.

Le lendemain, j'enregistre la chanson avec un copain pianiste, dans un studio de la ville.

L'enterrement de papa a lieu à Courroux, deux jours plus tard. La chanson y est diffusée, comme un ultime hommage à celui à qui je peux dire une fois encore, dans un dernier au revoir, combien je l'aime et combien je suis fier de lui.

C'est vraiment avec le soutien de Dieu que je décroche le diplôme de capacité professionnelle de percussion. Une fois de plus, mes différents examens sont minés par ce trac qui me fait perdre une partie de mes moyens. Mais, c'est nouveau, je me sens soutenu et porté par une force invisible qui intervient in extremis dans les moments où je perds pied.

Comme à l'examen de dictée musicale, par exemple. Un moment redouté où je vis un véritable miracle, puisque jamais, en quatre ans de cours, je n'ai entendu comme ce jour-là. Mais toujours au dernier moment, à la dernière possibilité d'écoute.

Lorsque je reçois mon diplôme, il est assorti du « Prix Robert Faller », destiné, je cite : *« à encourager et récompenser un élève des classes professionnelles qui aura manifesté et imposé son sens du travail musical de façon convaincante au cours de ses études »*.

L'émotion qui me submerge à ce moment-là est si intense... Je n'ai pas de mots assez forts pour exprimer ce que ce prix représente pour moi.

Comme un bonheur n'arrive jamais seul, je suis engagé comme professeur de percussion dans ce Conservatoire de La Chaux-de-Fonds qui m'a adopté. Je serai toujours infiniment reconnaissant d'avoir eu le privilège d'y enseigner durant vingt-deux ans, dans une ambiance et des conditions de travail idéales.

Fraîchement diplômé, je vais passer une première épreuve du feu : on me sollicite pour une série de concerts, avec, au programme, le fameux *Boléro* de Ravel. Je ne puis refuser un tel engagement, même si la difficulté de la partition m'effraie. Je travaille durant plusieurs semaines, mais je sais que cela ne suffira pas. Il faut, pour réussir cet interminable crescendo de 4064 coups, une maîtrise totale de ses nerfs.

Et ça, c'est pour moi mission impossible !

Je dois me rendre à l'évidence : avant même la première répétition, la simple évocation du concert me met dans un état de trac incontrôlable. Je suis pris au piège. Je ne peux reculer, et je me refuse à avoir recours à des médicaments pour m'aider dans ce problème.

Alors, je crie à Dieu, car je sais que je ne m'en sortirai pas tout seul et que, cette fois-ci, je n'ai pas le droit à l'erreur.

Je cherche mon salut dans la prière : « Seigneur, parle-moi ! J'ai besoin que tu me parles ! » Les yeux fermés, avec une naïveté d'enfant, j'ouvre la Bible au hasard et j'y pose mon doigt. Je lis : *« Ils retiendront captifs ceux qui les avaient faits captifs, et ils domineront sur leurs oppresseurs »*. (Esaïe 14, 2)

Rien à voir. Juste un texte écrit par un prophète hébreu plusieurs siècles avant Jésus-Christ.

Et si…

« Ils domineront sur leurs oppresseurs ». Cette promesse de Dieu faite à son peuple, à ses enfants, n'est-elle pas exactement ce que j'attendais de lui ? Peut-être… Encore faudrait-il savoir comment ça marche.

Et si c'était ça la foi ? Après tout, j'ai demandé à Dieu qu'il me parle. S'il avait choisi ce moyen pour me dire que je dominerai ce trac qui m'opprime...

Au fond de moi, j'ai le sentiment d'avoir à choisir, à décider de m'approprier et de croire ces paroles comme venant de Dieu, simplement, avec la foi d'un petit enfant.

Je fais ce choix.

Un choix apparemment sans effet. Rien de spectaculaire ni de miraculeux ne se passe. Rien, si ce n'est le sentiment de paix intérieure qui me permet de croire que je suis sur la bonne voie.

À partir de là, un intense combat s'engage dans mes pensées.

D'un côté, l'angoisse, alimentée par tous les sentiments négatifs et les scénarios catastrophes qui génèrent boule au ventre et tremblements. De l'autre, ce que j'ai choisi de saisir comme une promesse de Dieu et que je vais prononcer et revendiquer avec rage et détermination, autant de fois qu'il le faut.

Cent fois, mille fois peut-être.

La première répétition arrive. Jusqu'à la dernière seconde

avant le premier coup de baguette, je me bats dans mes pensées en proclamant l'inverse de ce que je vis : la paix, le calme, la victoire sur cet ennemi impitoyable. Mes tremblements s'arrêtent à l'instant où je commence de jouer. Un miracle. Ma foi a été récompensée.

L'œuvre à peine terminée, d'autres pensées m'assaillent : « Tu as eu de la chance, parce que ce n'était qu'une répétition. Mais le concert sera différent. Tu auras mille paires d'yeux fixés sur toi. Tu ne réussiras pas. Tu vas te planter. Tu auras l'air plus ridicule que jamais ».

La bataille recommence. Jusqu'au bout, jusqu'au signe de baguette donné par le chef d'orchestre, je me bats en prononçant intérieurement la vérité de Dieu : « Dieu m'a dit que je dominerai sur mon oppresseur. Je dominerai sur ce trac. C'est la vérité et je le crois. Mon Dieu est avec moi, il est le Tout Puissant et il me donne sa force et sa victoire parce qu'il m'aime, parce qu'il me l'a dit et parce qu'il est fidèle ».

Je réussis un sans-faute. En sortant de scène, je me précipite dans un endroit isolé. Je me mets à genoux et, des larmes plein les yeux, je remercie mon Seigneur pour cette victoire et cette leçon de foi.

Le second concert a lieu deux jours plus tard. Même combat, contre des pensées à peine différentes : « Tu as réussi le premier concert. Tu as eu de la chance, mais ce soir tu vas vivre une vraie humiliation ».

Il ne lâche donc pas son os celui-là !

Une fois de plus, je n'ai d'autre choix que de mener jusqu'au bout ce combat qui me fatigue. Une fois de plus, la vérité de Dieu me donne la victoire sur les mensonges qui polluent mes pensées.

Dans les quatre représentations du *Boléro,* je ne rate pas un seul coup. Avec l'aide de Dieu, et pour la première fois dans ma vie professionnelle, j'ai atteint l'impossible.

Cette expérience va bétonner ma foi.

Chapitre 9

DES PAS ET DES FAUX PAS

Après notre mariage, nous nous installons à La Chaux-de-Fonds où nous demeurons un peu plus de trois ans. Jocelyne travaille comme aide infirmière à l'hôpital, je partage mon temps entre mon activité de professeur et les concerts dans lesquels je suis engagé comme percussionniste ou timbalier.

Dans ces concerts, je vais goûter au privilège de jouer les plus grandes œuvres du répertoire classique pour chœur, solistes et orchestre. Les trésors que sont le *Requiem* de Mozart, le *Requiem* de Brahms et tant d'autres chefs-d'oeuvre me permettent de vivre des moments musicaux extraordinairement riches.

Dès lors, je suis attiré par le domaine lyrique, d'autant plus que, durant mes études de percussion, j'ai eu l'opportunité de suivre mes premiers cours de chant. On me prête un certain talent, et je peux bientôt envisager une formation professionnelle de chanteur.

À la même époque, l'Ensemble Vocal de Lausanne, dirigé par le célèbre Michel Corboz, recrute de nouveaux choristes pour étoffer ses rangs. L'audition d'entrée se passe au lendemain de la naissance de Jonathan, notre premier fils. Je suis déjà sur un nuage… lorsque j'apprends que je suis engagé en tant que choriste professionnel. C'est du délire ! Des concerts et tournées à l'étranger m'attendent : France, Hollande, Israël, Japon. Je vais chanter des œuvres merveilleuses, dans des endroits prestigieux, et avec de grands orchestres.

Il arrive parfois, dans ces concerts – comme La Messe en SI, de Bach, à la Salle Pleyel à Paris ou à la cathédrale de Tokyo – que musiciens et chanteurs, dans une osmose parfaite, paraissent littéralement suspendus par un fil invisible aux doigts du chef d'orchestre. Celui-ci, dont l'inspiration semble touchée par la grâce divine, nous entraîne avec lui dans une interprétation qui confère à la musique une dimension céleste.

Tout simplement unique !

Certaines œuvres contiennent de petites parties solistes. Le chef me donne l'occasion de m'essayer à ce nouveau rôle. À chaque prestation, il faut à nouveau livrer bataille contre le trac, mais chaque victoire me fortifie davantage.

Des perspectives de plus en plus concrètes se dessinent pour moi dans l'art lyrique. J'abandonne progressivement mon statut de percussionniste au profit de celui de ténor solo. La voix est devenue mon instrument de prédilection. Mon avenir semble tout tracé.

Avec l'Ensemble Vocal de Lausanne, je participe à une septantaine de concerts sur deux ans.

Après toutes les difficultés traversées jusque-là, cette période de ma vie est riche en bénédictions. Ce qui n'est pas sans incidence dans ma marche de foi. Force est de constater en effet que, si les épreuves m'ont rapproché de Dieu, ma croissance spirituelle se trouve considérablement ralentie dans ces temps d'abondance. Il m'est plus difficile de chercher Dieu, de prier et de prendre du temps à lire la Bible lorsque tout va bien. Sans m'en rendre compte, insidieusement, je me laisse glisser vers la tiédeur d'un doux ronron de chrétien évangélique.

Un dimanche, lors d'un culte, durant la louange et les chants, je réalise soudain mon égoïsme et mon ingratitude face à ce Dieu qui m'a tout donné. Pour la première fois, je me sens pitoyable devant lui, parfaitement indigne de son amour et de tout ce qu'il a fait pour moi. Je réalise que je ne m'approche de lui que lorsque j'en ai besoin. Je ne sers pas Dieu, je me sers de lui. Pour le reste, je me contente de pratiques qui ne sont qu'une autre forme de religion.

Devant ce triste constat, je lui demande pardon, sincèrement, avec des larmes de honte et de repentance. À l'instant où je prends conscience qu'il m'accueille, sans accusation ni jugement, dans ses bras de Père plein d'amour, mes larmes deviennent des larmes de reconnaissance.

C'est un moment unique de mon existence. Un moment où je ressens véritablement l'amour de Dieu pour moi. Il n'y en aura plus de semblable, parce que, depuis lors, je sais que je n'ai plus besoin de ressentir son amour. Je sais qu'il m'aime. Cette réalité est gravée à tout jamais dans mon être intérieur. Je sais qu'il est là, présent à mes côtés, et que son amour est immuable et inconditionnel.

Je réalise alors pleinement que Jésus a donné sa vie sur une croix pour moi. Je m'engage, moi aussi, à lui donner la mienne.

Je ne veux plus d'une vie confortable de gentil petit chrétien du dimanche. Je crois que Dieu a des plans pour moi et pour les autres, à travers moi. Je suis déterminé à découvrir ces plans et à les vivre.

Quoi qu'il m'en coûte.

Je veux goûter aux réalités de la Parole de Dieu. S'il est vrai que Jésus est vivant, je veux le voir guérir les malades, transformer des vies et faire des miracles, comme il l'a fait il y a deux mille ans. Je veux vivre ces choses, concrètement, dans mon quotidien.

Pour cela, avec mon épouse, nous nous engageons toujours davantage dans l'église.

Trois fois par semaine, nous avalons les cent quarante kilomètres du trajet aller-retour jusqu'à Porrentruy. Été comme hiver. L'arrivée de Jonathan n'y change rien. Il nous accompagne dans son couffin. En plus des cultes et des diverses réunions, je suis sollicité pour diriger le petit chœur de l'église : le groupe SHALOM. Deux guitares, une douzaine de chanteurs et chanteuses et une devise particulière : « C'est Dieu qui touche le cœur des gens, peu importe la manière de chanter ». Inutile de préciser que je ne partage qu'à moitié… Cela me vaut des prises de tête épiques. C'est une difficile, mais excellente école de vie. J'apprends à renoncer à moi-même et à servir.

Servir. Comme je le ferais pour le Seigneur. Simplement. Fidèlement. Envers et contre tout.

Nous sommes toujours disponibles pour travailler et aider dans quelque domaine que ce soit. Il est pour nous évident que l'amour du prochain n'est que du vent s'il ne se manifeste pas de façon concrète. Nous répondons à bien des sollicitations : visites de personnes âgées, actions dans les hôpitaux, les maisons de retraite, etc.

Au fil du temps, nous allons vivre des expériences concrètes de guérison divine. La première concerne Jocelyne.

Jocelyne a très mal supporté un premier accouchement qui l'a marquée dans sa chair. Fait extrêmement rare, le cartilage qu'on appelle la symphyse pubienne s'est démis lors du passage du bébé. Les jambes comme paralysées, Jo s'est déplacée en chaise roulante durant quelques jours. Elle est sortie de l'hôpital avec des béquilles qu'elle a gardées plusieurs semaines. On l'a prévenue : ce genre de problème ne se soigne pas.

Quand, après deux fausses couches consécutives, elle se trouve enceinte de notre deuxième enfant, la douleur de ce cartilage se fait de plus en plus sentir. À l'approche du terme de la grossesse, la situation est préoccupante. Jocelyne sent ses os pubiens se toucher à chaque mouvement et les douleurs la handicapent considérablement.

À quelques jours de l'accouchement, lors d'une réunion de prières, je crie à Dieu, implorant un miracle pour mon épouse. Je suis paniqué. Ma foi est aux abonnés absents.

Le lendemain, dans la journée, alors qu'elle est occupée à ses tâches ménagères, Jocelyne s'arrête soudain, et me lance :

- Philippe ! Je ne sens plus rien ! Plus aucune douleur ! Regarde !

Elle se met à danser et à sauter comme un cabri. Je n'ose y croire.

La naissance de Samuel – un prénom qui signifie, en hébreu : Dieu a exaucé – se déroule idéalement. Sitôt le bébé sorti, le médecin demande à Jocelyne de rester immobile. Il s'apprête à lui poser une large ceinture pour maintenir sa taille lorsqu'elle se lève sans le moindre problème. Le médecin reste perplexe. Jocelyne ne ressentira plus jamais cette douleur.

Nous venons d'expérimenter une guérison miraculeuse. Conséquence : le besoin de témoigner autour de moi de l'amour et de la puissance de Dieu devient alors quasi obsessionnel.

Pourtant, une expérience particulière va quelque peu plomber mon ardeur et m'amener à admettre une évidence : nous faisons peur. Autrement dit, notre sollicitude et notre désir d'aider notre prochain inspirent la méfiance.

Explication.

Les très nombreuses visites rendues à papa à la maison de retraite m'ont marqué. J'y ai côtoyé la détresse et la solitude de toutes celles et ceux qui semblent ne plus compter pour personne et qui se sentent une charge tant pour leur famille que pour la société. Lorsque notre Jonathan commence à marcher, j'ai à cœur de retourner visiter ces personnes avec lui.

Celui qui n'a jamais vu le visage fripé d'une petite grand-maman, qui semble n'attendre rien d'autre que la fin de son ultime et interminable étape de vie, s'illuminer soudain comme au plus beau jour de sa lointaine jeunesse, ne peut comprendre la beauté de ces instants.

Combien de fois ne puis-je retenir mes larmes lorsque des mains ridées, marquées par toute une vie de sacrifices et de dur labeur serrent avec tendresse et reconnaissance la petite main potelée de mon garçon ? Ces très courts instants de partage sont un avant-goût du ciel. Lorsque les personnes que nous visitons sont alitées, souffrantes, je leur propose, comme je l'ai fait avec mon père, de prier et de leur lire un passage de la Bible.

Jamais je n'aurais imaginé que nos visites puissent causer un quelconque souci. Et pourtant… On me fait comprendre que nous ne sommes pas les bienvenus. Alors que je cherche en vain une raison à ce qui me paraît incompréhensible, la réalité me saute à la figure : des bruits courent que je suis intérressé par l'héritage des personnes que nous visitons.

Je suis choqué.

Comment peut-on penser une chose pareille ?

J'essaie de réfléchir en imaginant les questions que le personnel soignant peut se poser : « Pourquoi ce type, avec son petit garçon, vient-il régulièrement en visite ici ? Que cherche-t-il ? Il ne connaît même pas nos résidents ! De plus, il se promène avec une Bible, et il passe en milieu de journée, ce qui laisse supposer qu'il ne travaille pas. C'est suspect ! »

Suspect.

Cette dure réalité claque comme un coup de fouet. Il faut se rendre à l'évidence : tu ne peux offrir du temps et de l'énergie, gratuitement, de façon désintéressée, par amour du prochain et pour apporter un peu de bonheur autour de toi, sans paraître suspect. D'ailleurs, aurais-je réagi différemment en apprenant que quelqu'un que je ne connais pas rend visite à mon père en lui proposant je ne sais quoi ?

Aujourd'hui, avec le recul, je procéderais bien sûr différemment. Je demanderais une entrevue avec la direction, j'exposerais clairement mes motivations, je demanderais la permission aux familles.

Je n'ai pas pu – ou pas osé – le faire, à l'époque. Je ne voyais pas comment m'y prendre autrement. Avec tristesse, j'ai cessé mes visites.

Et il y a eu des situations analogues. Alors que je visitais des personnes malades ou accidentées, j'ai ressenti, à un certain moment, un malaise face à la famille. Je pense à cette jeune fille de dix-sept ans, dans le coma suite à un accident de la route, que j'avais rencontrée dans un foyer pour personnes âgées. Ou à mon ancien agent d'assurances, victime lui aussi d'un grave accident qui l'a laissé handicapé. Ou encore à cette mère de famille, atteinte d'une cruelle maladie dont les douleurs ne lui laissaient aucun répit.

Ému de compassion devant ces drames, je me sentais poussé à l'action. Alors, maladroitement, sans me rendre compte que j'entrais dans la vie des gens de façon peut-être abrupte et parfois inopportune, je répétais les mêmes erreurs.

Il aurait pourtant été si simple d'expliquer clairement, d'entrée de cause, qui j'étais, ce à quoi je croyais, et ce qui m'amenait à entreprendre cette démarche.

À ce moment-là, je n'y parvenais pas. Ne me demandez pas pourquoi !

Je l'ignore.

Chapitre 10

PREMIER ALBUM

Dans mon cheminement spirituel, le besoin de m'exprimer par la chanson se fait sans cesse plus intense. Les textes de mes premières compositions sont, pour la plupart, des prières ou des louanges adressées à Dieu.

Les cultes et autres réunions, à l'église, m'offrent l'opportunité de « tester » ces chants avec l'assemblée.

Après des années d'attente, au cours desquelles il me faudra apprendre à cultiver une patience encore bien déficiente, le projet de produire un CD se dessine peu à peu.

En 1993, je remporte, avec la chanson « Sébastien », le premier prix d'un concours d'artistes chrétiens en Suisse romande. Ce sera le tremplin pour me lancer dans ce domaine qui m'est inconnu.

La production d'un CD suppose tout un ensemble de paramètres que je vais devoir découvrir et apprivoiser. Pour cette première aventure, je fais appel à Jean, un ami avec qui j'ai écumé les bals du samedi soir dans plusieurs formations, et qui réalise les bandes musicales. Les chanteurs et musiciens de l'église sont eux aussi de la partie.

Mais il y a ensuite tous les enregistrements en studio, et, comme je n'ai pas d'amis ou de connaissances travaillant ou ayant quelque expérience dans le domaine, le chemin est difficile.

Malgré le précieux soutien de mon épouse, je me retrouve parfois bien seul.

Comme lorsque je rentre du studio avec ce qui est supposé être le produit terminé. Durant la dernière semaine, le technicien et moi avons travaillé plus de douze heures par jour pour le mixage. Mais j'ignorais alors qu'une fatigue auditive pouvait complètement fausser nos appréciations.

Résultat des courses : lorsque je réécoute avec les oreilles reposées, je réalise que tout est à recommencer. Non seulement le mixage, mais également la plupart des prises de voix sont à refaire.

Un cauchemar.

Il faut se remettre à l'ouvrage. Ce premier CD finit tout de même par voir le jour en décembre 1993. Il s'appelle AMBASSADEURS.

La sortie d'un album est, pour un chanteur, une expérience unique. Lorsque tu en es également l'auteur et le compositeur, c'est encore plus fort. Un peu comme pour une naissance : tu tiens ton bébé dans les bras, tu t'émerveilles en l'auscultant sous tous les angles et tu te demandes si tu ne rêves pas. Et bien sûr, ton bébé, c'est toujours le plus beau bébé du monde.

Ce CD est pour moi un aboutissement. J'ai tellement tout dit, tout donné, tout exprimé dans ces chansons, que je suis convaincu que ce sera ma seule et unique production. Vraiment.

Alors, bien sûr, il faut le faire écouter partout et à tout le monde, puisque son contenu est tellement profond, essentiel et vital…

Je vais très vite redescendre de mon nuage.

Certes, les milieux chrétiens que je fréquente ne tarissent pas d'éloges quant à mon travail. Mais ce n'est pas aux convaincus que je veux prêcher. Justement pas. Ce sont tous ceux qui ne connaissent pas Dieu ou qui en ont une image faussée que je veux atteindre.

Et là, c'est raté.

Pourquoi ? Parce que l'approche beaucoup trop directe de mes textes rend mes chansons indigestes à celles et ceux qui ne parlent pas notre « patois évangélique ».

Jésus affirme que les chrétiens sont « le sel de la terre ». Ce qui revient à dire que ma vie est censée apporter aux gens qui m'entourent ce « petit plus » qui va donner du goût, assaisonner leur quotidien. Avec mon CD, ce n'est pas une pincée de sel que je leur propose, mais une immersion totale dans la salière.

Je prends conscience de cette réalité. Tardivement.

À partir de là, je vais travailler différemment : je m'emploie à réfléchir, à prier, à chercher comment atteindre et toucher les gens avec des sujets qui les concernent. Et surtout, à aborder ces sujets dans un langage accessible à tout le monde. « Comment parler de toi, Seigneur ? Comment atteindre les gens ? Comment les amener à laisser de côté leurs préjugés et à se poser les bonnes questions ? Comment ? »

Comment ?

Il faudra trouver des réponses.

Pour l'heure, je me console en apprenant que l'album a eu de l'impact sur de nombreuses personnes à un moment particulier de leur vie. Certains ont vécu des expériences très fortes avec telle ou telle chanson. D'autres vont jusqu'à affirmer que ce CD a généré en eux un changement de cap et une réelle transformation.

Tout cela est certes encourageant. Mais ce n'est qu'une partie du but que je m'étais fixé.

La sortie de ce premier album se situe juste entre la naissance de Gabrielle, au printemps 1993, et celle du petit dernier, Josué, en octobre de l'année suivante.

C'est une période particulièrement chargée pour moi. Avec quatre enfants, mon travail de professeur, des concerts et des tournées, mes études professionnelles de chant, l'écriture et la composition et tous mes engagements dans l'église et au service des autres, il n'y a pas de place pour les loisirs. Le peu de temps libre que je parviens à grappiller ça et là est consacré aux enfants et aux petits travaux dans la maison.

Pour ne rien arranger, nos deux aînés connaissent de sérieux problèmes d'allergies et d'eczéma, ce qui n'est pas pour simplifier les choses.

Depuis fin 1989, nous nous sommes installés à Courroux, dans une maison dont nous deviendrons propriétaires.

Par la grâce de Dieu.

En effet, notre maison familiale de Movelier nous a été achetée au prix fort. Nous ne désirions pas la vendre, mais un promoteur immobilier a tellement fait monter les enchères que nous avons fini par céder.

Conséquence directe : la part qui me revient nous permet d'acheter le bâtiment que nous louons et d'y construire une annexe qui me servira de local de musique et de bureau.

Le reste de la somme sera réservé à de futurs projets musicaux. Ce ne sont en effet jamais les idées qui manquent, chez moi. Et là, puisqu'en plus, j'ai de quoi en concrétiser une partie, les événements vont s'enchaîner.

Mes nouvelles chansons sont différentes des premières. Elles parlent de la vie de tous les jours, avec ses doutes et ses questions, ses joies et ses souffrances. Mon but est qu'elles fassent du bien à celles et ceux qui les écoutent. Pour cela, j'essaie d'écrire mes textes dans un langage suffisamment universel pour que chacun puisse se les approprier, en y retrouvant peut-être une petite partie de son histoire.

Mais il arrive également que les mots deviennent comme des révélateurs permettant d'exprimer des sentiments cachés au fond de soi-même.

La chanson « Tu t'en vas » en est un parfait exemple.

À cette époque, lors d'une visite à l'hôpital, je me retrouve face à une femme en fauteuil roulant qui semble me connaître. Après un moment de discussion, je réalise qu'il s'agit d'une copine de Jocelyne, perdue de vue depuis des années. Je n'arrive pas à croire que la superbe jeune femme que nous avons connue soit à ce point ravagée par la maladie. Elle est en phase terminale. Le sida l'a rendue méconnaissable.

Nous lui rendons visite à plusieurs reprises avec Jo. Nous passons ensemble des moments très forts dans la prière. La lecture de la Parole de Dieu lui fait du bien. Lorsque la maladie l'emporte, j'écris cette chanson pour elle.

Il y a tant de choses sur mon cœur
Que je voudrais pouvoir te dire
Parfums de roses et de bonheur
Larmes de joie, larmes de rire

Tant de mots et de souvenirs
Il y a tant de choses sur mon cœur
Tant de mots que je sais pas dire
Il y a la souffrance, il y a la douleur
Qu'au fond d'mes yeux tu pourras lire
Comme un voile sur mon avenir
Alors que je te vois partir

J'ai peur d'avoir pas su, parfois
T'aimer plus fort que mes désirs
J'ai peur d'avoir pas su attendre
D'avoir pas toujours su comprendre
L'enfant blessée au fond de toi
Pourtant on a connu l'amour
On a su éviter le pire
Graver en nos cœurs pour toujours
Ces moments qu'on n'oubliera pas
Que rien n'pourra jamais détruire
Même si aujourd'hui tu t'en vas

C'est dur de te quitter comme ça
C'est dur de te laisser partir
Vivre sans le son de ta voix
Sans ton regard, sans ton sourire
Ça ressemble un peu à mourir
C'est dur de te quitter comme ça
J'aurais voulu te retenir
Suivre l'empreinte de tes pas
Jusqu'à ce pays où tu vas
Au bout de la terre et des cieux
Mais sans jamais te dire adieu

Il y a tant de choses sur mon cœur
Tant de mots que je sais pas dire
Il y a la souffrance, il y a la douleur
Qu'au fond d'mes yeux tu pourras lire
Comme un voile sur mon avenir
Alors que je te vois partir

Il ne m'en faut pas plus pour lancer le projet d'un prochain CD.

Chapitre 11

DECOURROUX

À la base, mes chansons sont toujours le fruit d'une inspiration : juste quelques mots, portés par un début de mélodie et qui me traversent l'esprit. Ça ne se commande pas. En voiture, sous la douche, dans la rue, l'inspiration arrive toujours à l'improviste. Je m'empresse alors de trouver un bout de papier pour noter tout ça. Ensuite, quand j'ai du temps, je me mets au piano et j'essaie de construire la chanson comme un puzzle dont je ne possède que la première pièce.

Le talent, dit-on, c'est un pourcent d'inspiration et nonante-neuf pourcents de transpiration. C'est vrai. Même s'il y a aussi des exceptions, des chansons totalement inspirées, écrites d'un seul trait en un temps record.

De manière un peu inattendue, le nouveau CD prend une allure clairement autobiographique. Le défi est d'y faire cohabiter des thèmes diamétralement opposés : la vie et la mort, l'amour et l'abus, l'espoir et la détresse. Des coups de cœur et des coups de gueule, entourés de quelques titres pleins d'humour et de mon cadeau de mariage, « La vie avec toi ».

Le fil rouge qui me manquait se profile dans une chanson qui deviendra le titre de l'album : « Entre le rose et le noir ».

Mais un problème se pose.

Comment vais-je présenter un CD si différent du premier sans courir le risque de « vendre du sucre et du sel dans le même emballage ? »

La solution m'apparaît à travers une réflexion de mon professeur de chant. Celui-ci, au courant de mes projets, me met en garde : « Il est dangereux d'évoluer dans deux styles différents avec le même nom, me dit-il. Si tu te fais connaître comme chanteur populaire, tu risques de te couper l'herbe sous les pieds dans le domaine lyrique ».

Je possède déjà le diplôme professionnel de chant, à ce moment-là, et mon objectif est de parvenir jusqu'à la virtuosité. Je ne peux donc risquer de compromettre une possible carrière de ténor solo.

La seule alternative est de prendre un nom d'artiste.

Mais lequel ?

Je tourne la question dans tous les sens. Comment changer de nom tout en restant moi-même ? Et si...

Si Philippe Bieri, de Courroux, devenait Philippe Decourroux ? L'idée séduit mon entourage. Et c'est parti.

Dans la foulée, je crée Decourroux Productions, comme un vrai label discographique.

Décembre 1995, *ENTRE LE ROSE ET LE NOIR*, le premier CD signé Philippe Decourroux, est présenté au public. En faisant appel à des professionnels pour les arrangements, les parties musicale et technique ainsi que le graphisme, le résultat est à la hauteur des moyens investis : du travail de pro qui rencontre un beau succès d'estime tant dans les radios qu'auprès de certaines personnalités à qui je le fais parvenir.

Les anciennes vedettes de la chanson française que sont Rika Zaraï et Annie Cordy, la cantatrice Barbara Hendricks ou encore le journaliste Philippe Bouvard prennent la peine de m'écrire pour me remercier et m'encourager.

Une vraie promotion était prévue pour la sortie de l'album, mais le « spécialiste ès marketing » que l'on m'a recommandé et que j'ai grassement payé pour ce travail a disparu sitôt son cachet en poche.

Bienvenue dans la jungle !

Je dois apprendre à me dépatouiller tout seul. Je participe à quelques galas et je présente l'album dans plusieurs radios, lors de mes premiers concerts, mais aussi parfois dans des centres commerciaux et même sur des marchés.

Comme prévu, le contenu du CD surprend. Certains comprennent rapidement la démarche, d'autres plus lentement. D'autres, enfin… pas du tout.

Il faut dire que j'ai pris des risques : pour évoquer ma passion des bagnoles, par exemple, j'ai écrit la chanson « J'sais pas comment », de telle sorte que l'on s'imagine que je parle de conquêtes féminines et non mécaniques. Un rugissement de moteur Lamborghini, en fin de morceau, est censé révéler la subtilité, mais bon… Tout le monde ne comprend pas forcément le gag.

L'album contient également deux autres chansons comiques : « Allez, chante », qui parle de mon problème de bégaiement, et « Relax », une caricature du papa stressé que je suis parfois.

Car il faut bien admettre que, même si j'essaie de ne pas travailler dans le stress, le rythme que je m'impose durant ces années-là est vivement déconseillé sur le long terme. Il m'arrive d'enseigner une journée entière, de donner un concert le soir, de me rendre ensuite au studio pour enregistrer jusqu'au petit matin, puis de rentrer dormir deux heures avant de repartir de plus belle.

Le studio se trouve à plus de deux cent cinquante kilomètres – aller-retour – de chez moi. Pour la production d'un CD, je m'y rends des dizaines de fois. Je développe toutes les stratégies imaginables pour ne pas m'endormir au volant. Des stratégies dont la fiabilité n'est pourtant pas sans faille. Plus souvent qu'à mon tour, je ne puis compter que sur la divine providence et sur les prouesses d'un ange gardien qui n'a, de toute évidence, rien perdu de sa superbe !

Produire un CD, c'est comme mettre un enfant au monde : le vrai travail commence au moment où tu le tiens dans les bras.

Que n'ai-je pas fait pour essayer de faire connaître mes productions ? Combien de courriers, de CD offerts, de téléphones, de demandes, de démarches plus ou moins productives ?

Un exemple :

Aidé par une amie, je répertorie les adresses de près de deux mille églises, en Suisse, en France, en Belgique et aux Antilles. Pour chaque adresse, je prépare un colis avec mes deux CD et un mot pour expliquer qui je suis et ce que je fais. Je précise que ce matériel est envoyé gratuitement, mais que tout don sera le bienvenu et qu'il est bien sûr possible de commander d'autres CD.

C'est donc avec de grands sacs poubelle contenant près de deux mille petits colis que je me pointe au bureau de poste.

Je n'aurais jamais pu imaginer qu'un même courrier, une même démarche, puisse susciter des réactions aussi diamétralement opposées.

J'ai tout vu, tout entendu. Ou presque.

Depuis ceux qui jugent le procédé indigne d'un « prétendu » chanteur chrétien, jusqu'à ceux qui saluent la pertinence et le courage de la démarche. La palme revient au monsieur qui se lance dans une critique sévère des chansons alors qu'il a renvoyé les CD sans même les ouvrir.

Magique.

Dans l'ensemble, le résultat de l'opération n'est pas à la hauteur de mes attentes. Qu'importe ? J'apprends que des gens qui ont découvert ma musique par ce moyen en ont été vraiment bénis. Et pour moi, cela n'a pas de prix.

De plus, quelques demandes de concerts me parviennent. C'est le moment d'acquérir un bon équipement sono qui sera « piloté » par une très vieille connaissance : mon fidèle ami Bernard.

Bernard et moi avons travaillé tous les deux comme apprentis dans le même garage. Il a été aux premières loges de mes crasses. Et réciproquement. Lorsque je le retrouve après l'avoir perdu de vue quelques années, je suis loin d'imaginer son parcours. Plusieurs de ses amis et connaissances de l'époque sont morts d'overdose. C'est un miracle qu'il ait échappé à ce qui semblait inéluctable.

Je lui parle bien sûr de ma découverte spirituelle et des changements dans ma vie. Bernard est interpellé et nous gardons le contact. Quelques temps plus tard, son épouse nous appelle au secours. Bernard a été hospitalisé d'urgence, suite à une appendicite péritonite diagnostiquée beaucoup trop tard.

Ses jours sont en danger.

Avec le pasteur, nous nous rendons à l'hôpital pour prier pour lui. Bernard fait l'expérience d'une visitation divine. Il est sur pieds dans les jours qui suivent et rejoint bientôt l'église avec sa famille. Depuis lors, il m'accompagne dans beaucoup de mes concerts et compte parmi mes amis les plus fidèles.

Après les quelques concerts liés à la sortie du CD, et suite aux envois des colis, je reçois mes premières invitations pour chanter dans des églises. C'est une tout autre démarche. Dans ces soirées, beaucoup viennent avec un besoin, une attente, qu'une simple production artistique ne saurait satisfaire ou combler. Je demande à Dieu qu'il se serve de moi comme d'un instrument pour toucher le cœur de ces gens. Par le texte d'une chanson, par un témoignage, par une prière.

Je découvre, au fil des rencontres et des expériences, le bonheur de pouvoir impacter des vies à travers le message que je véhicule. Et je prends toujours plus conscience des souffrances cachées derrière les masques et les faux-semblants. Des souffrances parfois mises à nu par une chanson, et guéries par l'écoute et le soutien dans la prière.

« Inestimable », tirée du CD *AMBASSADEURS,* est la chanson de mon répertoire qui touche le plus à ce moment-là. Je suis frappé de réaliser combien ses mots percutent et révèlent les problèmes récurrents et trop souvent insurmontables que beaucoup rencontrent face à leur valeur, leur identité et leur piètre estime d'eux-mêmes.

J'aime chanter ce texte en regardant les gens et en leur disant qu'ils sont, aux yeux de Dieu, des créatures « inestimables, plus précieuses que l'or et que tous les trésors ».

Mais mon répertoire est trop limité pour me satisfaire. Et comme il est bien connu que le meilleur CD d'un artiste est toujours le prochain, il faut prévoir d'autres compositions et de nouveaux et considérables investissements en temps et en frais de studio.

Le temps est alors une denrée dont je manque cruellement. En plus de mes nombreux engagements, j'ai accepté un poste de directeur d'une chorale de village. L'expérience est nouvelle, d'une grande richesse musicale et humaine, et mes honoraires me permettent de « mettre un peu de beurre dans les épinards ».

Quant à l'argent… Bien que mon petit pécule fonde comme neige au soleil, je décide d'investir dans une nouvelle production Decourroux. Accessoirement, celle-ci est censée renflouer le trou financier laissé par le premier album. Et ainsi de suite, jusqu'au cinquième.

Ce second Decourroux est un single de trois titres, *COMME AVANT*. Il sort en 1997. Le destin et la fin tragique de la princesse Diana m'ont touché si profondément que j'ai écrit en sa mémoire la chanson « Comme avant », le jour de ses funérailles. Une chanson très émouvante, et… qui passera totalement inaperçue, faute de moyens de promotion.

Tant pis. Je continue d'écrire et de composer. Un prochain album est prévu pour 1998 : *POUR MIEUX T'AIMER*, 13 titres. Cette fois, je mets sur pied une tournée avec des musiciens locaux. De vrais concerts Live apporteront certainement le petit plus qui m'a fait défaut jusque-là. Mais, une fois encore, le manque de couverture médiatique et de moyens pour assurer la promotion se fait lourdement sentir : quatre concerts dans la région… et puis s'en vont. Le petit plus attendu ne sera qu'un surplus de frais qui s'ajoute à la note de la production.

C'est à cette époque que je décroche mon premier engagement à l'Opéra, en Allemagne, dans *La flûte enchantée*, de Mozart. Ça se passe plutôt bien, et de nouvelles propositions me parviennent. À cette époque également, j'échoue lors du premier examen de virtuosité de chant. Je travaille alors à Neuchâtel avec un jeune et brillant professeur : Yves Senn.

Grâce à ses connaissances pointues de la technique vocale et à sa générosité – il refuse catégoriquement tout honoraire – j'acquiers une maîtrise de la voix qui me permet d'aborder avec aisance, tant le registre classique que la pop ou le rock.

Pourtant, je réalise que je ne peux pas continuer à jouer sur tous les tableaux et à courir plusieurs lièvres à la fois. Il est temps de choisir entre le répertoire lyrique et la chanson engagée.

Définitivement.

Un choix qui n'en est pas vraiment un, tant il apparaît évident. Car si les concerts classiques m'apportent beaucoup de joies dans la musique, c'est sans commune mesure avec les histoires que je vis à travers mes chansons.

Des histoires comme celle-ci :

Un matin, je reçois un appel de Belgique. C'est un monsieur qui me dit avoir découvert la chanson « Tu t'en vas » après une nuit de recherches sur Internet. Il me demande s'il est possible de la lui faire parvenir pour le lendemain. Il m'explique qu'il vient de perdre son épouse dans un accident de voiture et que les sentiments qu'il éprouve pour elle sont, au mot près, exprimés par cette chanson. Il souhaite donc la diffuser lors des funérailles. Je suis bouleversé face à la détresse de cet homme. Je m'arrange pour que le CD lui parvienne à temps. Il m'envoie la photo de son épouse, quelques temps plus tard, avec une lettre de remerciements. Il affirme ne pas trouver de mots assez forts pour exprimer sa reconnaissance et sa gratitude à mon égard.

C'est pour vivre de telles expériences que je veux continuer de travailler et de me battre. Pour le bonheur d'apporter un peu d'espoir, d'amour et parfois de consolation aux personnes qui en ont besoin.

Ce bonheur-là n'a pas de prix.

Chapitre 12

POUR TOI

Dans mon besoin de partager l'Évangile, tant par mes chansons que dans ma vie de tous les jours, je réalise toujours plus, au fil des rencontres, combien ce thème est difficile à aborder.

Il y a ceux qui bottent en touche avec des affirmations du genre : « J'ai ma religion, ça me suffit ! », ou la classique : « Moi, je suis croyant, mais non pratiquant ! »

Une question de choix.

Il y a ceux qui affirment haut et fort : « Je suis athée ! », et à qui j'aime répondre : « Moi aussi ! » Devant leur étonnement, je leur précise que le dieu auquel ils ne croient pas, je n'y crois pas non plus. Mais que s'ils connaissaient Celui en qui je crois et que j'ose prétendre un tant soit peu connaître, j'ai la conviction qu'ils y croiraient eux aussi.

Il y a également ceux pour qui le sujet est un véritable tabou. Ou ceux qui réagissent violemment parce qu'ils se sentent agressés dès que tu prononces le mot de trop : Dieu, église, prière, etc. J'en ai rencontré souvent. Et j'ai appris à les aborder avec un maximum de respect, de considération et de compassion. Parce que je sais que la violence de leur réaction provient de quelque ancienne blessure, que le temps n'a jamais vraiment guérie et dont la douleur se ravive soudainement.

Je me souviens de cet homme, dans la cinquantaine, qui, mourant, avait accepté de nous recevoir, Jocelyne et moi. Il nous avait alors confessé sa rage et sa haine face à tout ce qui lui rappelait le religieux qui se glissait, la nuit, dans le lit des petits garçons de l'internat où il avait passé des années qui l'avaient marqué à jamais.

Ou de ce couple, désespéré face à la mort de leur nourrisson, à qui le curé du village avait refusé l'église pour l'enterrement, parce que le bébé n'avait pas été baptisé.

Ou encore de cette jeune femme dont le père, très engagé dans une église à tendance évangélique, l'avait prise par les cheveux et collée contre le miroir devant lequel elle se maquillait en lui lançant une phrase assassine qu'elle n'allait jamais oublier : « Mais t'as vu ta gueule ? Tu penses plaire à qui avec ça ? »

Combien d'hommes et de femmes ont-ils été ainsi blessés, abusés, manipulés, détruits psychologiquement ? Combien d'autres ont-ils été trompés par des mouvements, des sectes ou de prétendues Églises dirigées par des illuminés se réclamant du christianisme ? C'est une évidence : depuis le temps des Croisades jusqu'à nos jours, le nom du Christ a été bien trop souvent bafoué et utilisé à des fins diamétralement opposées au message de l'Évangile.

Hélas, force est de constater que la mouvance évangélique, à laquelle j'appartiens, n'est pas exempte de toute dérive, et qu'il peut être parfois difficile, vu de l'extérieur, de discerner l'ivraie du bon grain.

Tout cela explique la prudence avec laquelle je m'exprime dans mes trois premiers CD Decourroux. Leur message me semble parfois trop suggéré, trop dilué. Car la démarche, rendue plus difficile encore par la prise de conscience des faits scandaleux cités plus haut, est toujours délicate. Par crainte de choquer ou de blesser, je pratique une forme d'autocensure que je remets sans cesse en question. Ayant le compromis en horreur, il m'est difficile de taire une partie de ce que je ressens, mais je sais que le défi auquel je dois faire face est plutôt de trouver des mots susceptibles de casser les murs qui occultent, aux yeux de bien des gens, la véritable dimension de la foi chrétienne.

Alors je continue de chercher. Encore et encore. En me promettant que, dans le prochain CD, je vais aller plus loin, oser.

Si chaque nouvelle chanson est une source de joie, certaines compositions décuplent ce sentiment, lorsque je sens qu'elles vont marquer la vie de bon nombre de personnes. C'est le cas pour cette inspiration, reçue avec la mélodie, telle quelle :

C'était pas le fruit du hasard
D'une erreur ou d'un accident
C'était pas trop tôt, c'était pas trop tard
C'était toi, et c'était le temps

Il me faudra, en revanche, des mois pour trouver les autres pièces du puzzle. Des mois d'efforts improductifs, à tourner les idées dans tous les sens, sans qu'il n'en sorte quoi que ce soit de concret. Et puis un jour, le déclic :

Noir ou blanc, petit ou grand
Semblable aux autres ou différent
Droit, debout, ou rampant dans la boue
Considéré, ou pas du tout
Avant que le monde soit, dans mon cœur tu vivais déjà
Ce que tu as fait ou pas ne change rien pour moi

Quand la vie te prend l'envie
De vivre et d'en payer le prix
Quand le temps depuis longtemps
N'a pas changé tes murs trop gris
Lève les yeux vers le ciel, vers Celui qui est éternel
Là au-dessus des nuages brille toujours le soleil
Je t'aime plus fort, plus fort qu'un ouragan
Je t'aime plus grand que tous les océans
Je t'aime plus loin que la nuit des temps
Je t'aime plus tendrement que tu n'aimeras jamais

Je suis excité comme un pou en imaginant l'effet que cette chanson pourra produire sur tous ceux et celles qui se sentent de trop, tous les « pas bien nés » et autres « cabossés de la vie ». Mais je ne peux, bien évidemment, pas encore mesurer toute la portée de ces paroles qui m'ont valu, depuis, tant de témoignages de reconnaissance.

Je pense à cette adolescente de quinze ans qui m'aborde un jour pour me raconter son histoire. « Je suis née en Inde, me dit-elle. Abandonnée par ma mère, j'ai été adoptée à l'âge de trois ans et demi. J'ai vécu une enfance heureuse, dans une famille chrétienne, mais, à quatorze ans, je suis tombée dans une profonde dépression. Je voyais tout en noir, j'étais convaincue d'être de trop dans ce monde où tout avait bien sa place. Sauf moi. Mon état a empiré, jusqu'au jour où maman m'a fait écouter votre chanson. Il s'est alors passé quelque chose de merveilleux et d'inexplicable au-dedans de moi. J'ai pleuré, pleuré toutes les larmes de mon corps. Mais c'était des larmes libératrices. Car je venais de réaliser ma valeur, mon identité. Je venais de trouver ma place, et de m'approprier le droit de croire que je n'étais pas un accident, mais une enfant aimée et désirée. Ma vie a totalement changé depuis cet instant. Je voulais vous dire merci ».

Une chanson comme « C'était le temps » suffit à recharger suffisamment mes batteries pour lancer un nouveau projet d'album. À partir de là, c'est tout le CD que je vais construire comme un puzzle, essayant de trouver les pièces manquantes et le fil conducteur qui donnera à l'ensemble la cohésion voulue.

Il y a un sujet que je n'ai pas encore abordé dans mes chansons : le pardon. Un sujet essentiel, qui, conduit par la bonne inspiration, peut lui aussi générer bénédiction et guérison. Je me mets alors au travail, et je cherche, en demandant au Seigneur son aide et sa révélation. Des semaines durant, l'idée tourne dans ma tête. En vain.

Un jour, mon ami Bernard Delépine, pasteur à Angers et aumônier à la prison, m'invite à y donner un concert. Je découvre ce monde carcéral que j'aurai l'occasion de côtoyer bien souvent par la suite. Je fais la connaissance de Jean-Luc, un détenu qui a pris trente ans, dont vingt-deux ans incompressibles, pour le meurtre d'une jeune femme.

Quelques mois auparavant, Bernard a reçu un appel le concernant. Un homme, policier à Paris, et frère de la victime de Jean-Luc, a chargé Bernard d'une mission particulière : annoncer au meurtrier de sa sœur qu'il lui pardonne son acte.

Lorsque l'aumônier arrive à la prison pour sa visite hebdomadaire, il demande à parler à Jean-Luc. Celui-ci, visiblement fâché d'être dérangé par un pasteur, lui réserve un accueil pour le moins glacial. Nullement impressionné, Bernard expose simplement l'objet de sa visite. « Le frère de la jeune femme que tu as assassinée me charge de te dire qu'il te pardonne ». Percuté de plein fouet par ces paroles, Jean-Luc est sous le choc. Il peine à croire que l'on puisse lui pardonner l'impardonnable, et affirme que, dans une telle situation, il vengerait certainement sa sœur. Alors il veut comprendre. Il sollicite l'aumônier pour des visites régulières. Au cours de celles-ci, il découvre la puissance d'amour de l'Évangile et la grâce du pardon offert par le Seigneur à tout pécheur qui se repent.

Après le pardon des hommes, il reçoit celui de Dieu.

Je n'oublierai jamais ses propos : « Tu sais, me dit-il, quand j'étais libre, j'étais en prison, prisonnier de moi-même. Aujourd'hui, je suis en prison, mais je suis libre ».

Quelques jours plus tard, j'écris, d'un seul trait et avec beaucoup d'émotion, la chanson que j'attendais de la part de Dieu, sur le thème du pardon : « Tout recommencer ».

Fin 1999, je suis en contact avec une organisation chrétienne qui projette une tournée avec moi au Burkina Faso. Mais il faut trouver un financement pour le billet d'avion. Je profite de l'opportunité qui se présente avec mon quarantième anniversaire, en mars 2000, pour organiser un grand souper spectacle dans mon village de Courroux.

Avec Le Comé et Ropiane, deux humoristes jurassiens qui enflamment la salle par leurs prestations époustouflantes, les trois cent soixante convives garderont longtemps le souvenir de cette soirée en tous points réussie. Pour ma part, j'interprète quelques-unes de mes compositions avec mes musiciens dont le batteur est remplacé au pied levé par mon fils Samuel, alors âgé de neuf ans !

Que du bonheur !

Au mois d'août, je découvre l'Afrique en atterrissant à Ouagadougou.

Un des concerts donnés dans une grande salle de la ville me marque tout particulièrement. La première partie du programme est assurée par des groupes de jeunes chrétiens provenant de tous les pays d'Afrique francophone. Par des chants et des danses, ils expriment leur foi et leur amour pour Dieu avec tant de joie et de ferveur que je suis gagné par une intense émotion. Assis au premier rang, les yeux pleins de larmes, celui qui sera présenté comme un grand chanteur suisse invité spécial de la soirée se sent soudain tout petit devant la force de l'amour dégagé par tous ces jeunes.

Après le concert, l'émotion reste présente. Avec elle naît une inspiration, sous la forme d'un refrain.

Africa, Africa, Africa je t'ai dans la peau
Africa, Africa, Africa mon cœur brûle pour toi

Juste avant le prochain concert, j'apprends ce refrain aux musiciens présents sur scène. En quelques minutes, l'orchestration est mise en place. On va chanter « Africa » avec le public, en fin de soirée : du délire !

Le lendemain, dans la voiture d'un ami pasteur, quelle n'est pas ma surprise d'entendre l'animateur de la radio locale diffuser, avec enthousiasme, l'enregistrement de ce titre sur les ondes. Moins de vingt-quatre heures pour passer de la composition d'une chanson à un « tube » radiophonique, c'est un record !

De retour en Suisse, j'enregistre la chanson avec des amis congolais. Portée par un rythme entraînant et un texte profond, elle sera sans doute une source de joie et d'encouragements pour tous mes frères et soeurs africains.

Le CD prend forme.

C'est nouveau, il contient des chants pour enfants et des chants de louange réservés habituellement pour les cultes et autres réunions chrétiennes. Je peux compter sur la participation du petit chœur d'enfants que je dirige à l'église, et dans lequel notre fille Gabrielle, du haut de ses sept ans, se fait déjà remarquer en tant que soliste.

D'autres solistes, du « Jurassic Praise Band », ensemble regroupant des musiciens et chanteurs de diverses communautés chrétiennes de la région, assurent quant à eux les chants harmonisés à quatre voix.

Intitulé *POUR TOI,* l'album sort en décembre 2000. Le message de l'Évangile y figure cette fois-ci très clairement.

Pour la première fois, je propose des prix dégressifs pour l'achat de plusieurs CD. Ainsi, ceux qui désirent en offrir à leurs amis et connaissances bénéficient d'un tarif très avantageux.

Le CD connaît un beau succès, comme en témoignent les messages de remerciements que je reçois.

Pour la promotion, nous organisons un simple vernissage dans un bar du village, avec les amis et les différents acteurs de la production. Parmi eux, Claude,* mon nouvel arrangeur. Nous nous sommes connus au Conservatoire, où il a étudié la batterie dans ma classe, parallèlement à sa formation de clarinettiste et de saxophoniste. De solides liens d'amitié se tissent entre nous, au fil des sept années durant lesquelles il s'investit dans mes projets.

Je suis à mille lieues d'imaginer alors que cette belle amitié trouvera son épilogue dans l'une des pages les plus sombres de mon histoire.

* Prénom d'emprunt

Chapitre 13

ELENA

Durant toutes ces années, le plus difficile est de concilier vie professionnelle, vie de famille, vie d'église et engagements au service de mon prochain. En regardant en arrière, je réalise que tout cela a été possible grâce au soutien inconditionnel de ma « meilleure moitié ». En effet, sans l'investissement de Jocelyne à mes côtés, il est indéniable que la plupart de mes projets n'aurait jamais pu voir le jour.

Pourtant, même à deux, toute la bonne volonté du monde ne suffit pas. Alors, dans les moments difficiles, quand lassitude et découragement gagnent peu à peu du terrain, Dieu nous fait parfois la grâce de goûter à des expériences marquantes, véritables surdoses de « dopage » à la vitamine C… éleste.

Nous avons ainsi le bonheur de vivre plusieurs guérisons divines, dont deux dans la famille. La première me concerne, avec une douleur à un genou qui disparaît par la prière après m'avoir empêché de faire du sport durant plus de dix ans. La seconde concerne un de nos enfants, victime d'une très grave crise d'épilepsie et qui est guéri miraculeusement alors que les médecins avaient prescrit un long et pénible traitement.

Mais le plus fascinant qu'il m'ait été donné de vivre en direct, c'est la guérison d'un de mes amis, Daniel, dix-neuf ans, victime d'un très grave accident.

Hospitalisé dans un état critique au service de soins intensifs de l'hôpital de Bâle, il est dans le coma, avec l'os du rocher cassé, des vertèbres fissurées, une hémorragie et un oedème au cerveau. Les médecins se montrent réservés dans leur diagnostic.

L'accident a eu lieu depuis trois jours, lorsque nous lui rendons visite avec ses parents et notre pasteur. Nous prions tous ensemble, simplement, selon ce que la Bible enseigne. À la fin de la prière, Daniel reprend conscience et s'assied dans son lit, le plus naturellement du monde, comme après une bonne sieste. Surpris, il nous demande où il se trouve et ce que nous faisons là. Il a très faim et désire un sandwich. Nous n'osons croire ce qui se passe sous nos yeux.

Je vais chercher l'infirmière, pour le sandwich. Arrivée dans la chambre où le blessé converse avec ses parents comme si de rien n'était, elle s'arrête et le regarde, hébétée et incrédule.

- Ça alors ! Mais c'est un miracle ! s'exclame-t-elle.

Lorsque nous quittons les lieux, un peu plus tard, l'infirmière nous lance, très sérieusement :

- Dites, il y a d'autres patients dans le service, ne partez pas comme ça !

De telles expériences ont quelque chose d'unique. Parce que, lorsque tu as vu l'impossible se réaliser devant toi, tu ne peux plus douter. Même si cet impossible reste exceptionnel.

Mais avec Dieu, le miracle n'est pas toujours celui que tu attends...

En septembre 2000, après un concert donné dans la région, une fillette s'approche de moi. Toute excitée d'avoir chanté dans un morceau où j'ai tendu le micro aux enfants, elle se présente. Elle s'appelle Elena, elle a presque huit ans. « Mon papa chante aussi ! me dit-elle. Il faut que tu le rencontres ! » Je réponds un truc du genre : « Ok ! Avec plaisir ! Dis-lui qu'il m'appelle ».

Dès ce moment, la petite va insister auprès de son père pour qu'il prenne des cours de chant avec moi. Ce dernier finit par céder. Il prend contact et nous faisons connaissance. Il s'appelle Thomas Herwig.

Avec son épouse Vreni et leurs quatre enfants, Thomas exploite un domaine agricole dans la montagne, sur la commune de Courroux. Suisses allemands d'origine, ils sont arrivés là avec un double objectif : restaurer une exploitation plus que vétuste, tout en créant, parallèlement, une structure d'accueil et de travail pour des jeunes en proie à des problèmes de toxicomanie.

Les Herwig ont la foi, une foi vivante qu'ils savent transmettre à leurs enfants : Sina, douze ans, Elena huit ans, Jan, six ans et Flurin, quatre ans. Ce sont des passionnés qui s'investissent pour les autres avec cette même urgence d'annoncer autour d'eux le message de Jésus-Christ.

Les quelques cours de chant avec Thomas sont en fait plutôt des moments d'échange durant lesquels nous partageons nos idées et nos projets respectifs.

Lorsque nous fixons notre prochain rendez-vous au 27 février 2001, nous ne pouvons imaginer à quel point celui-ci sera différent.

La veille, en effet, vers dix-sept heures, une terrible tragédie se produit à la ferme Herwig.

Gendarmes, ambulance, médecin et pompiers sont dépêchés sur place. La neige recouvrant le chemin trop abrupt rend l'accès difficile. L'arrivée des secours est considérablement retardée. Pendant que les véhicules s'enlisent, un hélicoptère de la Garde Aérienne Suisse de Sauvetage est demandé en renfort.

Mon ami Bernard figure parmi les pompiers. Priant de toutes ses forces, il refuse de penser au pire. Mais les informations reçues sont alarmantes. Plusieurs tonnes de fourrage ont basculé dans la grange. Trois des enfants Herwig jouaient à cet endroit. Ils ont été ensevelis.

Le papa, aidé par des voisins et par les premiers secouristes, fouille l'énorme tas de foin avec l'énergie du désespoir.

Un des enfants a pu se dégager tout seul. Il est indemne. Mais Elena et le petit Flurin sont encore là-dessous…

Et beaucoup de temps a passé.

Chacun s'active avec frénésie, s'efforçant de croire à l'impossible, au miracle. Quand les enfants sont enfin dégagés, Thomas essaie de les réanimer, refusant l'évidence. Les pompiers, eux, ont compris : marqués à jamais, ils se retirent, laissant le papa seul avec ses petits.

Ce qui se passe alors est difficile à expliquer, et peut-être impossible à comprendre. Serrant ses enfants dans ses bras, Thomas, dans un face à face silencieux avec Dieu, attend une intervention ou, tout au moins… un signe. Quelque chose venant d'en haut, quelque chose qui lui permettra de supporter tout ça.

Ce qu'il reçoit alors, c'est simplement la paix. Une paix surnaturelle, divine, qui envahit tout son être et qui lui permet de lâcher prise, d'accepter l'inacceptable. Une paix qui, dès ce moment, lui donne la force de gravir une à une, les marches de l'impossible. À commencer par la première : aller prévenir Vreni, qui prie dans la cuisine avec Sina.

La nouvelle de la tragédie sème la consternation dans toute la région. Je l'apprends le soir même, par Bernard. Lorsqu'il est arrivé sur les lieux, la maman venait de découvrir ses enfants.

Bernard n'a pas de mots pour décrire l'indescriptible.

Que puis-je faire ? Aller leur rendre visite ? Mais je ne connais pas encore Vreni et le reste de la famille. Et puis, surtout, la question, dans ces moments-là, c'est : « Qu'est-ce que je vais bien pouvoir leur dire ? » Que dire à des parents pour qui la perte de leurs enfants fait l'effet d'une double amputation à la tronçonneuse, sans anesthésie ?

Parce que je crois avoir trouvé la réponse à cette question, je me rends chez eux, le lendemain matin. Car j'ai compris que, dans une telle situation, il n'y a rien à dire.

Strictement rien. Je ne peux que les prendre dans mes bras et pleurer avec eux. Sans poser aucune question. Et les écouter, surtout, en restant attentif au moindre besoin auquel je pourrais répondre. Justement, ils cherchent quelqu'un pour s'occuper du faire-part dans le journal et me sollicitent pour cela. Leur confiance m'honore. Par bonheur, je suis en vacances cette semaine-là. Je vais pouvoir leur consacrer tout le temps nécessaire et les accompagner dans leur épreuve.

Comment décrire l'atmosphère qui règne alors dans cette famille décimée ? Il y a cette douleur, omniprésente, sans cesse ravivée par les messages qui affluent de toutes parts. Il y a les visites, les coups de téléphone. Et puis cette paix, inexplicable, incompréhensible. Cette paix qui permet à Thomas et Vreni de faire face et de rester debout. Sereins, admirables.

Une véritable démonstration de foi dont je suis le témoin privilégié.

Parce que, face à la mort, il est impossible de tricher. Tous les masques, tous les faux-semblants volent en éclats. La mort te dévoile, te déshabille. Impitoyable et impudique, elle te met à nu intérieurement. Tu ne peux rien cacher. Il ne reste que le vrai, l'authentique.

Et pour Thomas et Vreni, l'authentique porte un nom : Jésus-Christ, le Prince de Paix qui les accompagne, les soutient et leur permet de dépasser leurs limites humaines. Dix fois, cent fois peut-être. « Cette paix au cœur même de la souffrance est une grâce que Dieu nous donne, disent-ils simplement ».

Au fil des heures qui suivent le drame, des éléments nouveaux vont renforcer encore ce sentiment de paix. Parmi ceux-ci, un dessin. Un dessin qu'Elena a apporté à sa maman quelques heures seulement avant son décès. Ce dessin représente leur ferme, avec une église et un jardin juste à côté. Au-dessus de la ferme, une montgolfière s'élève dans un ciel où trône un grand soleil avec un énorme sourire.

- Mais, il n'est pas terminé ! s'étonne Vreni. Il faut mettre des couleurs, comme tu mets toujours dans tous tes dessins.

- Non, celui-ci restera en noir et blanc !

Elena l'a décidé ainsi.

Pour les parents qui connaissent bien leur enfant, ce dessin est très troublant. Pourquoi un jardin à côté de la ferme ? Et que signifie le sourire serein et un brin malicieux de ce soleil ?

Tout cela ne fait que renforcer ce qu'ils ont remarqué dès la petite enfance d'Elena. Elle a toujours été différente. Par son rayonnement, par sa perception des choses et sa profondeur spirituelle, par sa maturité. Ne lui est-il pas arrivé de s'interposer entre ses parents qui se disputent, et de lancer, avec autorité :

- Bon, ça suffit ! On va prier maintenant !

Elena et son petit frère sont inséparables. Leur complicité est surprenante de beauté. Attentive comme une maman, Elena veille sur Flurin. Ils ont toujours tout fait ensemble. Rien ne les séparera.

Ils sont unis dans la mort, comme ils l'ont été durant leur trop court passage sur terre. Serrés l'un contre l'autre, Elena entourant Flurin de son bras protecteur, ils partagent le même cercueil blanc.

Les obsèques ont lieu à Courroux, dans la grande église spontanément mise à disposition par la paroisse catholique. Deux pasteurs vont officier, mais tous deux sont alémaniques, et les époux Herwig souhaitent qu'un message soit donné en français.

C'est à moi que le couple décide de confier cette tâche.

Mais comment pourrais-je ?

Il m'est arrivé d'être sollicité pour chanter à un enterrement et de ne pouvoir décrocher un seul mot. Thomas insiste :

- Nous attendrons. Tu prendras tout le temps qu'il faudra.

Je sens que je dois accepter. Dans la prière et le jeûne, je demande à Dieu de me donner son inspiration, sa pensée. Je reçois alors, l'un après l'autre, tous les points d'un texte qui m'est, j'ose le croire, inspiré par le Seigneur.

Mais quant à le lire le moment venu... Certains de mes proches doutent que je puisse maîtriser mon émotion.

Les parents ont décidé qu'il y aura un lâcher de ballons à la fin de la cérémonie, sur le parvis de l'église. Des centaines de ballons blancs s'élevant vers le ciel, pour rappeler le dessin d'Elena et pour laisser une dernière image, un ultime symbole.

L'imposant édifice est trop petit pour contenir les centaines de personnes présentes. Beaucoup sont debout, d'autres ne pourront pas pénétrer à l'intérieur du bâtiment.

Lorsque les enfants de la classe d'Elena interprètent la chanson « Petit Franck », de François Feldman, l'émotion frise l'insoutenable.

Et je dois prendre la parole quelques minutes plus tard...

Ce que j'expérimente alors dépasse tout ce que j'ai connu jusque-là. Je pensais avoir à lutter contre le trac et contre une émotion qui pourrait me paralyser. C'est l'inverse qui se produit.

Quelque chose d'unique, d'irréel, qui me marquera à jamais.

Dynamisé, comme propulsé par une puissance inconnue, surnaturelle, je me lève et m'avance pour parler. Avec l'impression d'avoir laissé la place à un autre moi-même.

C'est indescriptible.

Je considère un instant l'auditoire, cette foule recueillie, comme tétanisée. Tous ces visages tournés vers moi, dans un silence lourd et oppressant. Tous ces regards au fond desquels je devine la même question :

« Mais qu'est-ce qu'il va bien pouvoir dire ? »

Je me sens alors littéralement détaché, déconnecté de moi-même, simple spectateur de ce que je me prépare à vivre. Porté par une force et une assurance venues d'ailleurs, je m'entends prononcer ces mots :

- Mon Dieu, mon Dieu ! Pourquoi m'as-tu abandonné ?

Ce cri terrible qui fut la dernière parole de Jésus sur la croix a résonné tout particulièrement lundi en fin d'après-midi dans le cœur et sur les lèvres des parents, de la famille et des proches d'Elena et de Flurin.

- Mon Dieu, pourquoi m'as-tu abandonné ? Un cri d'autant plus fort pour des gens qui vivent une relation profonde avec le Seigneur Jésus, qui connaissent son amour et qui ont vu tant de fois Dieu intervenir et agir de façon concrète dans leur vie.

Pourquoi ce drame ? Pourquoi Dieu a-t-il permis cela ? Pourquoi des enfants ? Pourquoi ?

Autant de questions que nous pouvons nous poser aujourd'hui.

Pour nous aider à comprendre, souvenons-nous que les disciples de Jésus se sont posé les mêmes questions lorsque Jésus a été crucifié et mis à mort. Pour eux, à ce moment-là, comme pour nous aujourd'hui, il n'y avait pas de réponse. Mais bientôt, par la résurrection du Seigneur, les disciples ont compris quels étaient les plans de Dieu et pourquoi il avait laissé mourir son fils. Ils ont compris pourquoi Dieu avait permis que Jésus, innocent, meure pour des coupables. C'était le plan de Dieu. Un plan, une manière de faire qui nous dépasse totalement. Mais un plan choisi par Dieu pour ouvrir les portes de la Vie éternelle à ceux qui l'acceptent.

Si les parents d'Elena et de Flurin, aujourd'hui, n'ont pas toutes les réponses à leurs « Pourquoi ? », ils ont cependant l'assurance d'être dans la main de Dieu. Ils se sentent portés par lui et ils ont la conviction que Dieu a un plan d'amour pour eux, même à travers ce drame. Thomas, le papa, me disait que sa foi dans le Seigneur se trouvait aujourd'hui renforcée, car, me disait-il, « sans le Seigneur, tu ne peux pas vivre une telle épreuve ».

Ils connaissent le Seigneur, ils savent que Dieu est Dieu. Le Dieu de l'infini, tellement au-dessus de nos pensées, de nos raisonnements et de notre intelligence humaine.

Pour nous, Elena et Flurin sont morts à l'âge de 8 et 4 ans.

Mais pour Dieu, Elena et Flurin sont nés il y a 8 et 4 ans et ils vivent éternellement. La Bible nous dit que Dieu nous a créés pour l'éternité, avec une destinée éternelle.

Aujourd'hui nous voyons la mort, mais Dieu voit la vie ! La vie de ces enfants qui continue comme deux petites chenilles trop précoces devenues papillons avant leur temps.

Imaginons un enfant qui a trouvé une petite chenille et qui la ramène à la maison pour la montrer à ses parents.

- Maman, papa, regardez ! Une chenille ! Comme elle est belle !

Il est émerveillé. Et puis un jour, la petite chenille meurt. Quelle tristesse pour l'enfant devant ce qui reste de sa chenille. Mais quelle joie quand il comprend et qu'il aperçoit le papillon qu'elle est devenue.

La réalité que l'on voit aujourd'hui n'est plus que l'enveloppe d'Elena et de Flurin. La réalité que l'on ne voit pas encore, ce sont ces deux merveilleux papillons qui se sont envolés. « Il faudra la patience d'attendre de les revoir ! » me disait Thomas.

Car le privilège et la consolation du chrétien devant la mort, c'est d'avoir, non pas seulement un vague espoir, mais l'assurance, la certitude qu'un jour nous nous retrouverons dans la maison du Père. Jésus l'a dit : « Je m'en vais afin de vous préparer une place ».

Et nous ? Nous tous qui sommes là. Avons-nous aujourd'hui cette assurance qu'une place nous est réservée dans le ciel ? Osons-nous nous poser cette question : « Et si c'était moi ? Si c'était moi à la place de ces enfants ? Serais-je prêt, maintenant, à rencontrer Dieu ? Suis-je réconcilié avec lui ? Si c'était moi qui arrivais aujourd'hui devant Dieu, serais-je prêt à le rencontrer ? »

Cette question n'est-elle pas essentielle ?

Comment les paroles du « Notre Père », que nous prierons tout à l'heure résonnent-elles dans mon cœur ?

Quand je prie : « Seigneur, que ta volonté soit faite sur la terre comme au ciel », est-ce que je cherche à savoir quelle est la volonté de Dieu pour moi, chaque jour de ma vie, ou est-ce que je me contente de vivre selon mes désirs, mes sentiments et mes envies ?

Quand je prie : « Seigneur, pardonne-nous nos offenses comme nous pardonnons à ceux qui nous ont offensés », ai-je bien compris que je serai pardonné de la même manière que j'ai pardonné ? Ai-je bien compris que, si je n'ai pas pardonné à quiconque m'a fait du mal, Dieu ne me pardonnera pas non plus ?

Osons-nous nous poser ces questions ?

Des questions que Dieu nous pose aujourd'hui à travers le décès d'Elena et de Flurin qui, eux, connaissaient le Seigneur et priaient pour que d'autres le connaissent également.

Si nous voulons honorer leur mémoire, soyons attentifs au message que Dieu nous donne à travers eux et prenons l'engagement de répondre à ces questions.

Dieu dit : « J'ai mis devant toi la vie et la mort. Large est la route qui mène à la mort, mais étroit, difficile et rocailleux est le chemin qui mène à la vie. Le choix t'appartient, nous dit Dieu. Et il ajoute : Choisis la vie, afin que tu vives ! »

Si nous ouvrons nos cœurs au message que Dieu a pour nous en cet instant, si nous lui permettons de nous toucher au plus profond, si nous acceptons qu'il vienne dans nos vies pour nous changer et nous transformer, la mort de ces petits aura, pour nous, servi à quelque chose.

Ce sera là une part de réponse à nos « Pourquoi ? »

À la sortie de l'église, les ballons sont distribués. Lorsque les parents lâchent le leur, ils sont imités aussitôt par toute l'assistance.

L'émotion est trop forte pour moi…

Thomas s'approche alors de Bernard et lui confie, avec assurance :

- Maintenant, je sais que mes enfants sont au ciel !

Après la cérémonie, et dans les jours qui suivent, la famille reçoit plusieurs témoignages de personnes qui disent avoir été marquées particulièrement par le message. Certains de leurs proches, malgré le fait qu'ils ne comprennent pas un seul mot de français, insistent sur ce « quelque chose de spécial » ressenti pendant ce moment.

D'autres ne s'expriment pas, gardant ces choses au fond d'eux-mêmes. Pour les ressortir un jour, comme cet ami de

Thomas, un colosse suisse allemand, qui lui avouait récemment : « Ce que j'ai vécu durant cet enterrement est la seule chose qui me permette, aujourd'hui, de croire que Dieu existe ».

Dix ans ont passé.

Pour Thomas et Vreni, on s'en doute, rien n'a plus jamais été comme avant. Même s'ils ont découvert certaines réponses à leurs questions, ils ont dû assumer ce terrible statut de père et de mère amputés de leurs enfants.

Pourtant, au-delà de leur peine, portés par la grâce de Dieu qui les accompagne jour après jour, ils ont pu continuer de vivre.

Et pas seulement survivre.

Ils n'ont pas quitté leur domaine, malgré les souvenirs de l'accident et les nombreuses difficultés liées à leur statut de paysans de montagne.

Sept ans après le drame, Vreni a été engagée à mi-temps dans une maison pour personnes autistes. Ce travail est pour elle un véritable cadeau du Seigneur. Tout comme elle est elle-même un cadeau pour celles et ceux dont elle s'occupe : sa douceur et sa sensibilité si particulières lui donnent de vivre avec ces personnes des relations très privilégiées.

À l'approche de la cinquantaine, les deux époux sont rayonnants. Avec leurs enfants, ils sont la démonstration de la fidélité de Dieu dans les épreuves les plus insurmontables.

Ils ont la conviction que les années qui viennent leur donneront encore d'autres éléments de réponse à leurs « Pourquoi ? » Et, par-dessus tout, ils savent qu'un jour leur famille sera à nouveau réunie, dans cette éternité où Dieu dit

« qu'il essuiera toute larme de nos yeux, et qu'il n'y aura plus, ni deuil, ni cri, ni douleur ».

S'ils ont accepté que ce témoignage soit relaté ici, c'est dans le but unique et avoué, que leur histoire, leur épreuve, suscite, pour un maximum de gens, le désir de découvrir Jésus-Christ.

C'est leur prière, pour chaque lecteur de ce livre.

Chapitre 14

TANT QU'IL Y AURA DES HOMMES

Quelques mois après ce drame, Thomas me met en contact avec des amis d'une œuvre chrétienne suisse allemande, la M.S.D. : Médias Service Diffusion.

La M.S.D. produit des calendriers bibliques et des CD, et distribue ce matériel gratuitement dans le but de faire connaître la Parole de Dieu. Ils souhaitent développer leurs actions en francophonie, et mon répertoire les intéresse. Ils me proposent une collaboration.

Leur idée est de produire un CD de concert, dans lequel seront intégrés des témoignages et un message biblique.

Je me mets au travail avec enthousiasme, en commençant par sélectionner quinze de mes meilleurs titres. Pour des questions d'ordre pratique et financier, nous décidons d'enregistrer mon public isolément, lors d'un concert, puis de l'intégrer à l'ensemble, en studio. La difficulté principale est le choix des textes parlés, point central de la production.

Durant des semaines, recherchant le message le plus adapté, je vais « tourner » les mots et les sujets dans tous les sens. Le défi pour moi, une fois de plus, est de savoir, comme dirait quelqu'un, *« jusqu'où je peux aller trop loin… »*

Lorsque je suis enfin convaincu d'avoir trouvé la bonne formule, je soumets mon projet aux amis qui ont commandé le travail, mais aussi à ma famille et à mes proches. Il fait l'unanimité : un bon message évangélique, bien comme il faut, avec plein de citations et de versets bibliques.

Mais…

À quelques jours de l'enregistrement de ces textes, mon frère, alors directeur d'une école secondaire, m'invite avec insistance à une conférence donnée dans son établissement par une psychologue française de renom, madame Edith Tartar-Godet. La soirée est consacrée aux problèmes liés à la jeunesse.

La retenue que j'affiche face à certaines théories de la psychologie moderne est très vite dissipée par la conférencière. Je suis emballé et convaincu par la pertinence de ses propos. Après son exposé, elle répond à une question avec une affirmation qui me percute :

- Je suis en contact avec de nombreux jeunes des banlieues, dit-elle. Ce qui les intéresse, aujourd'hui, c'est le témoignage personnel et le vécu des adultes qu'ils côtoient.

Je reçois cinq sur cinq. Comme une révélation.

Mais oui, bien sûr ! Il faut que, dans mon CD, je raconte mon parcours, mes expériences, mon témoignage, plutôt que d'essayer de faire du prêchi-prêcha. Du coup, arrivé chez moi, je balance tout ce que j'ai écrit : des semaines de travail et de réflexion partent à la poubelle.

Je recommence à zéro.

En quelques jours, la nouvelle mouture est pondue. Celle-là, je ne la soumets à personne. Je suis sûr de mon fait.

Le CD s'appelle *TANT QU'IL Y AURA DES HOMMES*. Il sort d'usine en novembre 2002. Pour la promotion, je l'envoie simplement à tous mes contacts, environ mille adresses, gratuitement, invitant ceux que ça intéresse à l'offrir à leur tour à leurs amis en profitant des prix dégressifs très avantageux. Conséquence, les cinq mille exemplaires que je me suis réservé disparaissent en six semaines. Un succès énorme, pour un album autoproduit. Je fais presser une nouvelle série de dix mille. Ils seront presque aussi vite écoulés.

Je reçois dès lors de très nombreux témoignages de personnes touchées par Dieu, encouragées, restaurées et parfois même littéralement sauvées par le message de l'album. Des centaines de belles histoires qui commencent par la formule, désormais consacrée : « Un ami m'a offert votre CD, et… »

Morceaux choisis :

Philippe débarque chez moi un après-midi. Il me raconte. Séparé de son épouse Anne-Claude pendant quelques mois, il a mené une vie de patachon, avant de se sentir poussé à réintégrer le domicile conjugal. C'est à ce moment qu'un ami leur offre le CD. Lorsque Anne-Claude l'écoute, la chanson « Tout recommencer » la percute au point qu'elle fond en larmes. Interpellé, Philippe l'écoute à son tour. Il est lui aussi bouleversé par cette chanson, puis par l'ensemble de l'album. Les époux se promettent alors de tout faire pour sauver leur couple.

À la fin de cette première rencontre avec Philippe, nous prions ensemble, invoquant l'aide du Seigneur pour eux. J'avoue humblement que ma foi aurait sans doute été plombée si j'avais pu prendre la pleine mesure de la gravité du cas :

Philippe et Anne-Claude ont été tellement loin dans l'adultère et la débauche qu'il n'est pas humainement imaginable de reconstruire sur un tel désastre.

Et pourtant, le miracle se produit. Un miracle qui n'est pas instantané, loin de là, mais qui se dessine dans un parcours long et difficile, où le pardon se révèle comme une puissance capable de briser tous les obstacles, où chaque victoire se remporte dans la prière et dans les larmes.

Philippe me dira plus tard que, lorsque j'ai prié, ce fameux jour où il est venu me trouver, il s'est passé en lui quelque chose d'impressionnant. Ce Jésus qui lui semblait jusque-là lointain et abstrait, lui est soudainement apparu proche et accessible. Il n'a pas résisté à une réelle envie de le rencontrer.

Avec son épouse, et à travers le pardon que Dieu leur a donné et leur donne encore d'expérimenter, ils ont réussi l'impossible. Ils témoignent aujourd'hui de la reconstruction de leur couple et sont une aide précieuse pour nombre de personnes vivant de semblables difficultés.

Dans un petit village d'Alsace, l'épouse d'un pasteur évangélique offre le CD à une jeune mère de famille qui vit un drame. Son mari, dans la trentaine, vient d'apprendre qu'un cancer, tout juste diagnostiqué par la faculté, ne lui laisse que quelques mois à vivre.

Le couple est catholique, mais le mari, révolté par sa situation, ne veut plus entendre parler ni de Dieu, ni de quoi que ce soit qui s'y rapporte. Le CD reste donc plusieurs semaines sans être écouté.

Mais un jour, en rentrant chez elle, l'épouse retrouve son mari tout différent.

- Chérie, dit-il, avec une joie et un rayonnement nouveaux, j'ai compris !

Et d'expliquer :

- J'ai écouté le CD de ta copine. Lorsque je suis arrivé à la chanson qui parle de l'amour de Dieu – la chanson « Pour toi » –, il s'est passé quelque chose que je n'arrive pas à expliquer. Maintenant, je suis en paix, et je sais où je vais.

Dès ce moment, c'est dans la sérénité que toute la famille peut se préparer à la séparation. La chanson « Pour toi », avec ce témoignage, est diffusée à l'enterrement, quelques semaines plus tard.

Pour me raconter cette histoire et pour me remercier, la jeune veuve m'envoie une lettre très émouvante. « C'est difficile de vivre sans lui, écrit-elle, mais, grâce à vous, nous savons où il est. Merci pour ce que vous avez fait pour nous ».

Je les rencontre, elle et ses deux enfants, lors d'un concert. Après avoir raconté cette histoire, pendant que je chante la chanson en hommage à son mari, je suis troublé par l'apparition d'une coccinelle qui atterrit sur mon piano.

Au terme de la chanson, j'avance un doigt et le petit insecte s'y pose. Personne ne l'a remarqué, bien évidemment. J'explique tout ça au public.

- Chez nous, on appelle les coccinelles des bêtes à Bon Dieu. Je ne peux croire que cette bestiole se soit posée là, durant cette chanson, par le simple fait du hasard. Je prends cela comme un message, un beau clin d'œil de Dieu pour vous, madame. Comme pour attester une fois encore, si besoin est, que votre mari est là, auprès de Dieu. Tout proche.

Pendant que je parle, je m'avance dans la salle jusque vers la dame. La coccinelle passe de ma main sur la sienne. Le plus naturellement du monde.

Un grand moment d'émotion.

Récemment, dans un village du Jura suisse, quelqu'un a déposé anonymement le CD dans la boîte aux lettres d'une famille en deuil. Charles, leur fils de vingt-trois ans, vient de mettre fin à ses jours.

- Je n'avais pas le cœur à écouter de la musique, me dira Dédée, la maman. Pourtant, intriguée par la démarche, j'ai profité d'un moment de solitude pour me passer le CD.

Elle est alors bouleversée par la chanson et l'histoire de Sébastien. Effondrée, elle passe et repasse ce titre, dont le message la rejoint, l'apaise et lui fait du bien.

- Savoir que quelqu'un comprenait cette situation et osait en parler m'a redonné l'espoir, me dira-t-elle. Je n'étais plus seule dans ma souffrance. Ces mots me portaient, me réconfortaient. Alors que je passais la chanson à mes enfants, mon mari a entendu et nous l'avons écoutée ensemble. Une fois, plusieurs fois. Très, très souvent. C'était un réel besoin pour nous. Au départ, c'est vrai, nous avons beaucoup pleuré. Et puis, peu à peu, nous avons réalisé que chaque écoute nous permettait de faire un pas de plus dans notre processus de deuil.

Elle prend alors rendez-vous avec nous. Quel privilège pour Jocelyne et moi-même de pouvoir l'écouter, partager ensemble et la soutenir en priant avec elle. Je me souviens lui avoir cité un de mes versets bibliques préférés : « *Jésus est venu pour porter de bonnes nouvelles aux malheureux, guérir ceux qui ont le cœur brisé, délivrer les captifs et proclamer la grâce* ». (Luc 4, 18)

Dans ces moments-là, on se sent vraiment comme des outils à travers lesquels Dieu accomplit ces paroles.

Quelques semaines plus tard, la famille organise une grande rencontre en souvenir de Charles, avec tous ses amis. Il y a des chants, des danses, des témoignages. La sœur de Dédée me demande de venir présenter la chanson « Sébastien » à cette occasion. La maman n'est pas au courant. Sa sœur veut lui faire la surprise.

Avec une émotion que je peine à maîtriser, je parviens à dire quelques mots, puis à interpréter « Sébastien », en hommage à Charles.

J'ose affirmer avec certitude que, bien plus forte que la mort, la vie aura toujours le dernier mot.

Plusieurs personnes témoignent que le contenu du CD a fait l'effet d'une véritable thérapie : des personnes blessées par des circonstances douloureuses de la vie, qui affirment avoir trouvé, dans ces chants, des paroles leur permettant enfin de mettre des mots sur leurs maux. Car le blocage, pour bien des gens, se situe justement à ce niveau-là : l'impossibilité d'exprimer, voire même de définir précisément ce « quelque chose qui cloche », au fond d'eux-mêmes.

C'est le cas de cette dame de Belfort, qui me raconte qu'après avoir été suivie par un psy durant plusieurs années, sans succès, c'est ce CD qui lui a permis de s'en sortir. Pendant des jours, des semaines, chaque écoute révélait d'autres facettes de ses blessures intérieures, des blessures qui guérissaient à mesure qu'elles étaient mises en lumière. Le processus s'est poursuivi, toujours plus en profondeur, jusqu'à la guérison totale.

Avant un concert dans un petit village de Suisse romande, nous nous arrêtons, avec Bernard et un de mes fils, pour prendre un sandwich dans un café.

La jeune et sympathique serveuse est du genre branché, avec ses piercings et ses tatouages. Je sens qu'elle me dévisage particulièrement. Elle finit par oser la question :

- Vous êtes Philippe Decourroux, non ?

À ma réponse, son visage s'illumine.

- Il y a quelques temps, j'ai traversé une très mauvaise passe, dit-elle. J'aimerais que vous sachiez que votre CD m'a sauvé la vie. Merci pour ce que vous faites !

Ce témoignage me donne des ailes. Comme la plus merveilleuse des récompenses à tous mes efforts.

Lorsque j'arrive près de Strasbourg pour un dîner organisé par le mouvement international « Chrétiens Témoins dans le Monde », une dame, dans la soixantaine, très élégante, appartenant visiblement à la bonne bourgeoisie française, m'attend déjà depuis un moment. Elle tient absolument à me rencontrer. Elle se présente.

- J'étais chez mon fils, notaire à Paris, l'été dernier, me dit-elle. Celui-ci est rentré un jour du travail avec un CD de vous, offert par une de ses connaissances. Par curiosité, je l'ai écouté. Je ne peux décrire précisément l'émotion vécue à ce moment-là. Je l'ai passé en boucle, jour et nuit, durant des semaines. Ses paroles ont transformé mon cœur, m'ont apporté une paix et une joie ineffables. Savez-vous, votre CD figure sur mon testament. Il fait partie des très rares objets que je désire emporter avec moi dans la tombe. J'ai demandé qu'à ma mort, il soit déposé dans mon cercueil.

Sur ce coup-là, j'avoue avoir été bluffé.

L'un de mes amis offre le CD à quelques personnes, lors d'une réunion chrétienne. À la vue de l'album, une dame, soudain très émue, lui explique :

- J'ai souffert d'une lourde maladie qui m'a clouée au lit pendant de longs mois avec des traitements très difficiles et handicapants. Au cœur de cette souffrance, je ne parvenais même plus à trouver la force de prier.

C'est ce CD, qui m'a été offert, qui m'a permis de tenir dans ces moments terribles. Je l'ai écouté, en boucle, durant tout ce temps. C'est comme cela que je suis devenue une grande admiratrice de Philippe. Il me touche énormément, par sa voix, son engagement, ses textes. Bien que je ne le connaisse pas, il m'est devenu familier. J'aimerais tellement un jour croiser sa route...

La dame s'appelle Monique. Nous nous rencontrons quelques semaines plus tard, lors d'un concert à Paris. Elle n'a pas de mots assez forts pour m'exprimer sa reconnaissance.

Quelle n'est pas ma surprise de recevoir, un jour, une version piratée du CD. Un Camerounais l'a trouvée au marché – noir (!) – à Yaoundé et me l'a faite parvenir. Ces copies seraient, selon les dires du monsieur, pressées à Singapour et vendues en Afrique francophone. Il s'agit bien de mes chansons, dans une pochette bourrée de fautes d'orthographe, comme par exemple : « Decoureux » sur la couverture, et « Decourex » sur le CD. Le titre, quant à lui, me fait hurler de rire : TANT GUILLY AURA DES HOMMES.

Ça ne s'invente pas !

Impossible bien sûr de savoir combien de copies illicites ont ainsi été distribuées. Quant aux originaux, nous en avons pressé plus de 170.000 à ce jour. Plusieurs milliers ont été distribués en

Afrique, et notamment au Congo sur le campus de l'Université de Brazzaville, mais aussi dans les écoles et les prisons.

Le témoignage de François, 21 ans, me touche particulièrement. Il m'écrit ceci :

Né dans une famille chrétienne, j'ai entendu et vécu l'Évangile durant mon enfance. Mais le passage de l'adolescence a remis bien des choses en question... Au collège, je n'étais pas aimé parce que j'étais chrétien. J'ai alors décidé de ne pas aimer Dieu simplement pour être aimé des autres, tout comme j'ai décidé de ne plus travailler pour ne plus être « l'intello » que les copains rejettent. J'ai alors vécu une situation très difficile, en cherchant qui j'étais vraiment : sorties alcoolisées, mensonges, et j'en passe... Je fréquentais beaucoup de gothiques. Me sentant, comme eux, terriblement rejeté, je me retrouvais sans cesse face à ces questions : « La vie vaut-elle le coup d'être vécue ? À quoi bon vivre sur cette terre ? À quoi je sers ici ? »

Avec le temps, je suis devenu dépressif, envahi par des pensées suicidaires. J'étais quasiment insomniaque et pleurais très souvent sur mon lit, enfermé seul dans ma chambre. Je me demandais pourquoi personne n'était là pour m'entendre et me répondre...

Un jour, j'ai été attiré par une pub pour un concert chrétien d'un certain « Philippe Decourroux ». Je me suis alors rappelé qu'un couple, passé à la maison, vantait les mérites de ce chanteur qui avait un message marquant pour la jeunesse. Ils nous avaient laissé un CD en partant : « Tant qu'il y aura des hommes ». Ce n'était pas mon style de musique mais je trouvais ça pas mal pour un CD chrétien ! Sans comprendre ce qui me poussait à aller écouter ce que j'appelais « de la musique de vieux », je me suis rendu au concert, à Tourette Levens, à côté de Nice. J'avais alors 17 ans.

Ce soir-là, j'ai eu la conviction que Dieu avait vu mes larmes depuis tout ce temps et qu'il m'avait donné rendez-vous à ce concert pour me redonner l'espoir. J'ai parlé à Philippe comme j'aurais pu parler à n'importe qui. J'ai trouvé en lui un homme comme les autres. Après avoir parlé un peu de batterie, il m'a demandé si j'étais chrétien. Je me suis surpris à répondre : « Oui bien sûr ! »

J'ai réalisé alors que je devais faire un choix. À peine rentré à la maison, j'ai réécouté ce fameux CD et je suis resté planté sur le chant « Sébastien », où le chanteur nous raconte le suicide d'un jeune et où il crie son désir de donner des réponses à la jeunesse « pour que jamais plus une vie ne s'arrête à 17 ans ! »

J'étais ébranlé. J'ai pris un engagement ce soir-là : l'engagement de ne jamais laisser tomber. Il y a un Dieu qui peut toujours donner un sens à ma vie, un Dieu dont j'avais certes entendu parler, mais là, j'ai décidé de le laisser guider ma vie.

Quelques semaines plus tard, par un invraisemblable concours de circonstances, j'ai su que Jésus est réellement vivant et qu'il s'intéresse à moi. Je lui ai donné ma vie et je me suis engagé dans une église. J'ai été délivré et guéri de toutes sortes de blessures, de mensonges, d'addictions, et de mes insomnies. La liste est longue et remplie de miracles.

Je crois que personne n'aurait parié sur moi dans quelque domaine que ce soit. Moi-même, je n'aurais jamais parié réussir quelque chose... Mais mon Dieu est spécialiste de ce genre de cas et il a fait de moi quelqu'un de nouveau.

J'ai maintenant 21ans. Diplômé d'un BTS, je travaille dans les accélérateurs de particules. Je suis fiancé, et je m'occupe de jeunes avec qui nous étudions la Bible. Je me suis également engagé dans l'évangélisation auprès des jeunes.

Même s'il faut marcher à contre-courant, je crois que ce combat en vaut la peine.

Je voulais te dire merci Philippe pour ton ministère. Il fut une des marches de l'escalier qui avait été placé devant moi pour accéder au ciel…

Le CD connaît un impact considérable, également dans les prisons. L'Armée du Salut, par exemple, en a distribué trois mille lors d'une tournée de Noël dans les centres de détention français.

Certains détenus, ou parfois des membres de leur famille, m'écrivent pour me remercier. Un exemple, avec la lettre de Sylvie, reçue à l'occasion de mon cinquantième anniversaire.

Quand ton CD TANT QU'IL Y AURA DES HOMMES a été distribué au centre pénitentiaire de Rennes par nos amis de l'Armée du Salut, toutes les détenues sont reparties avec leur petit paquet. La plupart ne l'ont pas écouté et l'ont échangé contre des cigarettes. Mais moi, je l'ai écouté. Énormément.

Je l'écoutais sans arrêt. Sans arrêt, pendant des heures, notamment à l'atelier pour échapper au bruit des machines à coudre sur lesquelles je travaillais. Il y avait beaucoup de bruit, pas beaucoup de lumière, et beaucoup de colère dans mon cœur. Le fait de t'écouter me faisait beaucoup de bien. Toutes tes chansons m'ont beaucoup touchée, mais l'une d'entre elles plus particulièrement : Sébastien. Ce témoignage que tu rends, c'est tellement beau. Je l'ai fait écouter à toutes celles que j'ai pu. Et finalement, même les plus dures ont apprécié. Donc, merci pour ce beau geste que tu as eu. Et même si je ne suis qu'une sur trois mille, c'est au moins une, et c'est déjà pas mal.

Merci beaucoup d'être là, d'exister, de continuer à croire dans ce monde pourri. Aujourd'hui, dans les tribulations de ma libération conditionnelle et dans mes difficultés, ton CD continue à m'aider. Je t'écoute, je prie, je médite.

Jamais, au grand jamais, je n'aurais pensé te rencontrer pour de vrai. Et pourtant... Le 5 avril 2009, alors que j'étais en liberté conditionnelle depuis quelques mois, tu donnais un concert juste à côté de chez mes amis.

Un grand moment de bonheur !

Merci de m'avoir soutenue par tes textes, et de continuer à le faire avec tes nouveaux albums. Tout cela m'aide énormément. Je continue à user beaucoup de piles en t'écoutant. Dans le métro, partout. C'est toujours un vrai bonheur.

Alors, continue !

Merci, et que Dieu te bénisse.

TANT QU'IL Y AURA DES HOMMES, c'est le premier grand pas en avant vers ce qui était et demeure en moi un rêve, quasi obsessionnel : semer l'amour et l'espérance dans la vie d'un maximum de personnes.

Mais il suffit de regarder autour de soi pour mesurer tout ce qui reste à faire...

Alors, il faut continuer de travailler.

Encore et encore.

Chapitre 15

PARENTHÈSE

Grâce à l'impact du CD, les demandes de concerts se font toujours plus nombreuses.

Pourtant, début 2003, des contacts avec mon ami Wilfred Kummer, leader du Jurassic Praise Band (J.P.B.), me poussent à tenter une autre aventure musicale.

Le J.P.B. anime, un dimanche par mois, des « Soirées de louange », à Reconvilier, dans le Jura bernois. Un événement est prévu pour fêter le dixième anniversaire de ces soirées.

Frappé par le potentiel et l'énergie dégagés par le groupe, je leur soumets un projet de CD en Live pour lequel je m'engage à assurer la production. Le projet est validé.

C'est donc avec une quarantaine de musiciens, chanteurs et compositeurs talentueux que je vais travailler. Le défi est d'arriver à accorder des sensibilités et des goûts artistiques très différents et d'exploiter le plein potentiel de chacun jusqu'à une parfaite harmonie de l'ensemble. Tout un programme !

Nous nous mettons à l'œuvre dès le début de l'année, en vue des enregistrements qui auront lieu fin septembre. « C'est plus de temps qu'il n'en faut, me dis-je ». Mais mon optimiste naturel me joue des tours. Fin juin, à la veille des vacances, nous n'avons que peu avancé. Près de la moitié des chansons du programme ne sont pas même encore composées. De quoi se faire peur.

D'autant que je cours après d'autres lièvres…

En effet, la venue de la Gay Pride dans le Jura, début juillet, ne me laisse pas sans réaction. Je pense que l'on peut éprouver de l'amour, de la compassion et du respect pour les personnes homosexuelles, tout en considérant avec tristesse de telles manifestations provocatrices.

Je propose donc aux églises de la région la mise sur pied, en parallèle, d'une fête pour promouvoir les valeurs de la famille selon le modèle biblique. Ça s'appellera : « LA FA MI FESTIVAL », et ça aura lieu le même week-end.

C'est une grosse organisation, sur trois jours, avec, en particulier, le concert de NEW GOSPEL FAMILY, de Paris, le samedi soir, et une grande célébration en commun, le dimanche matin.

Le problème pour moi sera la promotion de l'événement face à des journalistes dont certains n'apprécient pas vraiment – doux euphémisme – mon initiative.

Pour preuve, une interview sur les ondes de la radio locale où je réponds à une charmante interlocutrice. Après quelques questions relatives à l'organisation de la manifestation, elle attaque de front :

- Pouvez-vous m'expliquer comment quelqu'un qui prétend défendre les valeurs de la famille peut interdire à sa propre mère de voir ses petits-enfants ?

Je reste sans voix devant cette allégation mensongère et qui porte atteinte à ma sphère privée. Pas du tout préparé à ce genre de situation, je bégaie je ne sais quelle réponse boiteuse et termine l'interview complètement sonné.

Ce n'était pas du direct. Je peux donc, après avoir retrouvé mes esprits, expliquer à la dame que sa question est déplacée et son affirmation calomnieuse. Je lui suggère de demander confirmation à ma maman, par téléphone, ce qu'elle fait séance tenante. Maman confirme mes dires, mais la journaliste ne semble pas vraiment convaincue.

J'apprendrai plus tard que le conseil de rédaction de la radio a longuement débattu avant de décider que cette question ne serait finalement pas diffusée.

Je prends alors pleinement conscience que mes engagements ne sont, loin s'en faut, pas du goût de tout le monde.

Notre manifestation intéresse également la presse écrite et la télévision, qui couvrent elles aussi l'événement. Je me retrouve face à la pression de certains journalistes qui cherchent à créer une polémique dans laquelle je refuse clairement d'entrer.

Au final, rien ne viendra entraver le bon déroulement de « LA FA MI FESTIVAL », qui connaît un succès fantastique et nous permet de vivre des moments de musique et de partage d'une rare intensité.

Après cela, je n'ai que quelques heures de répit avant d'attaquer un autre projet d'envergure : le tournage des clips de mon premier DVD.

Le lendemain, en effet, nous avons rendez-vous à Belfort chez mon ami Patrick Vauclair, qui dirige la société de production VX COM. Les jours précédents, j'ai trouvé, presque par miracle, des amis qui ont accepté, « à l'arrache », de jouer le rôle de mes musiciens et choristes. Parmi eux, en particulier, Claude, mon arrangeur.

Ce premier jour de tournage est harassant. Nous terminons à deux heures le mardi matin pour reprendre après seulement quelques petites heures de sommeil. Nous tenons ce rythme effréné toute la semaine, et dans les mois qui suivent, je me rends souvent à Belfort pour le tournage des parties solistes.

TANT QU'IL Y AURA DES HOMMES, mon premier DVD de quatorze clips réalisés en un temps record et avec des moyens limités, sort quelques mois plus tard. Achetés par la chaîne de TV KTO, ces clips sont ainsi largement diffusés, comme en témoigne cette petite histoire.

Nous sommes en vacances en Turquie, à l'hôtel, avec Jocelyne, belle-maman et les enfants, lorsque ceux-ci déboulent dans notre chambre.

- Papa, allume le poste ! Tu passes à la TV !

Incroyable, mais vrai ! C'est bien un de mes clips. Il m'aura fallu venir jusqu'en Turquie pour constater que la diffusion se fait dans des pays auxquels je n'aurais même pas pensé.

En parallèle, c'est le projet J.P.B qu'il faut mener à bien. Début août, lorsque nous reprenons les répétitions, il nous reste moins de deux mois pour préparer les enregistrements.

Je suis incapable de me souvenir des détails de ces quelques semaines de rush. Deux certitudes demeurent : chacun donne le meilleur de lui-même dans un superbe travail de groupe et, pour le reste, nous comptons sur la grâce divine.

Parmi les anecdotes que j'aime relater, il y a celle du dernier chant, « Saint », composé à quelques jours de l'événement.

Il est plus de dix-neuf heures, dimanche soir. Nous venons de passer un week-end de travail éprouvant. Mon ami Wilfred remercie tout le monde et donne rendez-vous pour la répétition générale lorsque je l'interromps :

- En fait, j'ai encore un petit dernier, tout simple, que je voudrais essayer.

Devant les protestations bien légitimes de gens qui ont déjà donné plus que plus, je m'empresse d'ajouter :

- Juste une fois ! Ce sera très bref, promis !

Wilfred m'accompagne au piano, et j'interprète le chant. Dès la seconde reprise, les choristes sont avec moi, à l'unisson. À la troisième, les quatre voix sont déjà trouvées. Je suis émerveillé par ces chanteurs et chanteuses emmenés par Sophie Kummer et Judith Schnegg. En moins d'un quart d'heure, nous sommes fixés : « Saint » aura bien sa place dans notre répertoire.

Les concerts sont une pleine réussite. Des moments intenses que l'on se réjouit de pouvoir partager à travers un album dont la sortie fera date. Mais pas comme nous l'avions imaginée.

C'est toujours un moment de stress lorsque tu reçois tes cartons de CD. Parce que tu sais que tu n'es jamais à l'abri d'une mauvaise surprise.

Et cette fois-ci, c'est le cas.

Il y a eu un sérieux problème de couleur à l'impression de la jaquette. Le résultat est d'une mocheté déprimante. Que faire ? Je n'ai pas longtemps à me poser la question. Les CD, eux aussi, sont défectueux. Cet incroyable concours de circonstances simplifie le problème. Le lendemain, le camion vient rechercher les trois mille galettes. Elles finiront à la benne.

Il faut recommencer.

POUR TOI MON DIEU sort avec quelques semaines de retard, mais avec une jaquette complètement retravaillée. C'est un succès, les commentaires sont élogieux. L'album percute par sa qualité musicale et par l'intensité de sa profondeur spirituelle. À tel point qu'un grand distributeur catholique français me rachète les droits pour en produire une version intégrée dans son catalogue.

Certaines chansons, telles que « Nous annonçons le Roi », ou « Il m'aime », deviennent de véritables tubes et sont chantées dans beaucoup d'églises, toutes dénominations confondues.

Dans les très nombreux témoignages en lien avec le CD, je ne puis résister au bonheur de relater une expérience aussi puissante qu'inattendue, vécue l'année suivante, à Bangui, en République Centrafricaine.

Invité par mes amis les pasteurs Christian Caron et Josué Binoua pour une mission là-bas, je figure parmi les orateurs des rencontres qui se déroulent tous les après-midi, au Centre Culturel Be Oko. En plus de mes chants, je suis également appelé à partager la Parole de Dieu par la prédication.

Très tôt, ce matin-là, je suis réveillé par la pensée d'un verset de la Bible qui résonne fortement en moi. C'est une parole de Dieu pour ses enfants, qui se trouve dans 2 Chroniques 7, verset 14 : *« Si mon peuple, sur qui est invoqué mon nom, s'humilie, prie, et cherche ma face, et s'il se détourne de ses mauvaises voies, je l'exaucerai des cieux, le lui pardonnerai son péché et je guérirai son pays »*.

Je griffonne quelques pensées sur un bout de papier et, l'après-midi, je prêche sur ce sujet. Les mots coulent, je me sens particulièrement inspiré. Dans un calme impressionnant, malgré la chaleur étouffante, les quelques centaines de jeunes chrétiens présents écoutent, prennent des notes, avec le zèle de ceux qui cherchent à entendre la voix de Dieu.

À la fin de ma prédication, je demande que l'on joue un titre du CD, inspiré de ce même texte biblique, « Si mon peuple ». Je ferme les yeux, et je prie.

Bientôt, dans l'auditoire, une personne se met à pleurer. Puis deux, puis d'autres encore. Des prières, d'abord discrètes, se font entendre ça et là. C'est comme un bruissement léger, mais qui se transforme très vite en un grondement puissant dans lequel se mêlent les cris, les pleurs et les supplications.

Au milieu de ce tumulte, les prières deviennent des hurlements déchirants.

- Pitié Seigneur ! Pardon ! Pardonne-moi, mon Dieu ! Pitié pour moi, Seigneur !

Ce qui se passe sous mes yeux, je l'ai lu dans certains livres de témoignages. Dans l'histoire de l'Église, en effet, il y a eu des temps privilégiés où Dieu a parlé au cœur des gens et suscité un élan de repentance générateur de guérison et de transformation. Mais je n'ai jamais osé rêver être un jour le détonateur d'un tel événement.

Lorsque, à la fin du chant, le tumulte s'arrête, je fais jouer un autre titre de l'album, « Par ta grâce ». Une seconde vague semble se déverser sur la salle, qui s'enflamme de plus belle, suivie par une troisième vague, lorsque l'on joue un dernier titre, « Saint ».

À la fin de la réunion, la plupart des gens témoignent avoir vécu la même expérience. Dieu leur a parlé précisément, en leur montrant leurs fautes, leurs péchés, tous ces liens qui donnaient à l'enfer ou au mal un droit dans leur vie. Tous s'engagent à se mettre en règle avec Dieu.

Je n'oublierai jamais le jeune homme qui, l'index pointé sur moi, m'apostrophe d'une voix forte :

- Tu reviendras ! Tu reviendras dans quelques temps, ici même ! Et tu verras ce que Dieu a opéré dans ma vie, aujourd'hui, par ta bouche.

- Mais qu'est-ce que tu leur as fait ? me demande le pasteur Binoua, qui n'a pas assisté à la fin de la réunion. Il est aussi perplexe que moi. Il m'explique :

- Tu sais, ici les gens sont chrétiens, responsables d'église, diacres ou pasteurs, mais parfois ils s'en vont consulter les sorciers en sortant du culte. De plus, il est très courant d'avoir plusieurs femmes, et l'immoralité sexuelle est un fait de société qui se paie cash à travers les ravages du sida.

J'ignorais tout cela. Mais Dieu, lui, le savait.

Dans les mois qui suivent, parmi les personnes présentes à cette réunion, le pasteur aura à célébrer plus de deux cents mariages. Une grande organisation internationale va même aider à financer tout cela, dans le cadre de la lutte menée contre le VIH.

Cette expérience est l'une des plus marquantes de mon parcours de vie avec Dieu. Alors que, la plupart du temps, c'est en toute discrétion que Dieu agit dans le cœur des gens, j'ai eu, ce jour-là, le privilège de le voir agir avec puissance. Ces moments restent à jamais gravés dans ma mémoire.

Je me plais à préciser qu'avant cette mission en Centrafrique, je m'étais imposé de longues semaines de jeûne, pour rechercher Dieu et essayer d'entendre sa voix. Je n'avais alors absolument rien entendu, rien ressenti. J'ai aujourd'hui la conviction que Dieu a choisi de répondre à mes prières de cette manière.

En son temps.

Dès lors, je suis de plus en plus souvent sollicité pour prêcher dans des réunions chrétiennes et dans des cultes. J'aime passionnément partager mon expérience de foi et de mise en pratique de la Parole de Dieu. J'ai entendu un jour un prédicateur oser cette affirmation : « *Avec la Bible, il n'y a que deux possibilités : ou ce livre est réellement la Parole de Dieu et ainsi le trésor le plus précieux que l'homme ait jamais possédé, ou alors il s'agit de la plus gigantesque imposture de toute l'histoire de l'humanité !* »

Je le crois : la Bible n'est pas un livre à lire, mais un livre à vivre. En toute humilité, j'ose prétendre en avoir compris certaines vérités et expérimenté certains principes. Pouvoir les partager procure un bonheur et un enthousiasme sans cesse renouvelés.

J'aime parler de l'amour passionné de Dieu pour chaque être humain, de ses plans de vie, de pardon, de restauration et d'espoir au cœur même des situations les plus désespérées. J'aime partager certaines « clés », aussi simples qu'essentielles à mes yeux, et à travers lesquelles Dieu a transformé mon existence et celle de tant d'autres personnes. J'aime encourager les uns et les autres à chercher Dieu toujours plus, à l'écouter, à lui obéir, afin de découvrir une dimension de vie susceptible de générer des changements significatifs dans ce monde en désarroi.

Dans l'un des plus beaux courriers jamais reçus, une dame me disait :

- *Monsieur, vous avez prêché récemment dans mon église à Paris. Je ne vous ai pas entendu, je ne vous ai même pas vu, tant la présence de Dieu était manifeste pendant que vous parliez. Je suis sortie de là complètement transformée.*

Ça, c'est ce que je veux vivre toujours davantage.

Chapitre 16

CONDAMNÉS À VIE

Dans mes concerts, mon problème est de trouver le meilleur équilibre entre les chansons et la durée des témoignages qui les introduisent. Parfois, emporté par mon enthousiasme, il m'arrive de laisser beaucoup de temps à ces témoignages. Parce que je ressens comme un besoin vital, une urgence d'insister sur tel ou tel aspect important.

Il faut savoir que, dans la grande majorité des cas, les gens qui m'invitent pour un concert partagent cette même passion de la Vie avec V majuscule. Lorsque l'on prie ensemble avant la soirée, je retrouve les mêmes requêtes, la même espérance : que Dieu touche les cœurs, que des vies soient transformées, que des guérisons et des signes se manifestent et que beaucoup découvrent la réalité d'une vraie relation avec Jésus-Christ.

En règle générale, le public vient au concert pour écouter un artiste. Mon but est exactement l'inverse : être moi-même à l'écoute du public. En observant les gens dans la salle, leur regard, leurs réactions, j'essaie de discerner leurs besoins et leurs attentes, tout en cherchant ce que Dieu veut leur dire à travers moi. Je prie qu'il me donne les mots justes, les témoignages et les encouragements qui vont toucher le plus grand nombre. Mon désir est d'être simplement un canal à travers lequel Dieu va parler aux uns et aux autres. Mon bonheur est de voir la connexion s'établir.

Un millier de concerts donnés dans une quinzaine de pays sur trois continents, c'est… beaucoup. Beaucoup de souvenirs, de rencontres, de bonheur et d'émotions partagés avec le public.

Je me souviens d'un concert près de Valence, où un monsieur handicapé arrive avant tout le monde et se laisse installer au premier rang par la personne qui l'accompagne. Lorsque je m'approche pour le saluer, je remarque, posée sur ses genoux, une sorte de petite plaque sur laquelle sont écrites toutes les lettres de l'alphabet, ainsi que quelques dizaines de mots usuels. Au moyen d'une sorte de stylo, il me montre sur la plaquette le mot « Bonsoir ». Je lui souhaite la bienvenue et il me désigne le mot « Merci ». Alors, je me présente et je lui demande son prénom. Il pointe une suite de lettres, l'une après l'autre : O, L, I… « Olivier ?! lui dis-je ». Il sourit, et pose son stylo sur le mot « Oui ».

Cette brève entrée en matière a su attirer mon attention. Durant le concert, je l'observe tout particulièrement. Il est rayonnant, suspendu à mes lèvres comme pour mieux capter chaque pensée, chaque mot.

Lorsque j'interprète la chanson « Quand la route est longue », celle-ci semble le rejoindre plus que toute autre.

Quand la route est longue, difficile le chemin
Quand la route est longue et me semble sans fin
Quand la route est longue, quand l'espoir s'éteint
Quand le doute me ronge et me plonge dans des nuits sans matins
Quand la route est longue

Quand mon ciel s'assombrit, quand l'orage menace
Quand mon pas s'alourdit, et que le froid me glace
Quand mon esprit s'embrume, quand j'sais pas, quand j'sais plus
Quand l'ennemi m'allume et me laisse comme un soldat vaincu
Quand la route est longue

Nos regards se croisent, comme aimantés dans un dialogue silencieux et irréel, d'une extraordinaire intensité. Les yeux d'Olivier, vissés dans les miens, semblent hurler avec moi les mots sortant de ma gorge, comme s'il pouvait, à travers cette chanson, et pour la première fois, exprimer enfin des sentiments jusque-là condamnés au silence.

J'ai compris son message. Il le sait. L'espace d'un instant, je suis sa voix. Il chante, il crie à travers moi. À la fin de la chanson, nous sommes tous les deux en larmes.

L'inoubliable beauté de ce moment me laisse un lumineux souvenir.

Une telle expérience demeure certes exceptionnelle, mais combien de fois n'ai-je pas vu des personnes littéralement submergées par l'émotion et qui m'ont, par la suite, fait part de ce qu'elles ont vécu et ressenti. Je pense à ce prêtre, qui m'interpelle après un concert à… Lourdes.

- Monsieur, me dit-il, je traînais tout au fond de moi-même une vieille blessure d'enfance. Par vos paroles, cette blessure s'est réveillée pour trouver enfin une guérison aussi bienfaisante qu'inattendue. Je tenais à vous dire merci.

Mais les concerts peuvent être parfois source de frustrations, pour les organisateurs aussi bien que pour le chanteur. La palme du souvenir le plus douloureux revient à un concert de Noël, à Toulouse.

Une association qui œuvre parmi les sans-abri m'invite à l'occasion d'un grand dîner organisé pour les gens de la rue. L'accueil est parfait, le service digne des meilleurs restaurants. Tout a été mis en place pour honorer celles et ceux que la société refoule.

Mais, lorsque je rentre en scène, juste après le dessert, la salle est quasi vide. Les convives, après avoir fait bonne chère, n'ont pas jugé bon de se laisser imposer le programme du chanteur suisse invité. C'est donc devant une petite poignée de rescapés de la fête et face aux sourires crispés des organisateurs dépités que je me produis, avant de reprendre la route pour avaler les mille kilomètres du trajet de retour.

Bien évidemment, face à des chaises vides, la frustration de l'artiste peut parfois s'avérer difficile à gérer. La solution à ce problème m'est apparue dans une décision, toute simple, que j'ai prise il y a plusieurs années déjà. Une fois pour toutes.

J'ai décidé de faire du public ma seule vraie priorité, quel qu'en soit le nombre. Autrement dit, je me focalise uniquement sur les personnes présentes, sans jamais me laisser le droit de me lamenter quant à leur nombre, aussi faible soit-il. Dès lors, qu'il y ait cinq, cinq cents ou cinq mille personnes dans la salle ne doit rien changer : je donne le maximum.

Le reste appartient à Dieu.

Des salles de concerts aux parkings de supermarchés, des écoles aux maisons de retraite, des bars aux églises et des théâtres aux scènes en plein air, je chante dans des endroits parfois insolites, sinistres, voire même sordides.

En effet, après le premier concert à la prison d'Angers, d'autres opportunités de chanter en milieu carcéral vont, petit à petit, se présenter à moi.

Je suis très vite à l'aise dans ce contexte si particulier. Avec l'aide de Dieu, je pense parvenir à trouver les mots, les attitudes et surtout l'amour pour communiquer avec les personnes que j'y rencontre. Des hommes, surtout, mais parfois aussi des femmes, puisque j'ai l'occasion de visiter également certaines prisons qui leur sont réservées.

Ma première expérience a lieu à Saint-Étienne, en France. Elles sont une douzaine à avoir répondu à l'invitation. La plus jeune ne doit pas avoir plus de vingt ans, la plus âgée sans doute moins de soixante. Rien ne les différencie vraiment des femmes que l'on croise dans la rue, si ce n'est peut-être la profonde tristesse qui se lit dans leurs yeux, et que quelques sourires forcés ne parviennent décidément pas à masquer.

Bien que leur parcours de vie me soit inconnu, je suis frappé de réaliser que ces personnes sont, d'une certaine manière, tout autant victimes que coupables, et que, si l'on ne peut excuser leurs actes, il est important de comprendre quelles sont les raisons qui les ont générés.

Au fil de mes chansons, j'observe leurs réactions avec un regard d'amour et de compassion. J'essaie d'imaginer leur histoire, leurs rêves brisés, leurs souffrances, les abus qu'elles ont subis…

Identité, valeur, estime de soi : mon message aborde des points aussi sensibles que percutants. Parmi les détenues, certaines sont visiblement touchées par cette présence d'amour divin qui a envahi la petite salle et qui se répand comme un baume bienfaisant sur leurs cœurs blessés et meurtris.

Quelques jours plus tard, l'une d'entre elles m'écrit pour me remercier.

- *Après votre passage, lorsque mes proches sont venus me rendre visite,* m'écrit-elle, *ils ont remarqué un changement en moi, avant même que j'aie ouvert la bouche. Je sais qu'il s'est passé quelque chose et que je ne suis plus la même depuis ce jour. Merci de tout cœur d'être venu jusqu'à nous.*

D'une façon générale, les réactions des détenus sont très souvent empreintes à la fois d'étonnement et de reconnaissance.

- Comment un chanteur comme vous peut-il venir jusqu'à des déchets de la société tels que nous sommes ? me suis-je parfois entendu dire.

J'aime répondre que, si j'ai fait quelques centaines de kilomètres en voiture ou quelques milliers en avion pour arriver jusque là, c'est au nom de Celui qui est venu depuis beaucoup plus loin pour les rencontrer. Je leur parle alors de Jésus-Christ, descendu du ciel pour sauver tous ceux qui sont perdus.

Et le message passe.

Je me souviens d'un concert de Noël à la prison de Ittre en Belgique. Plusieurs dizaines de gars sont rassemblés dans la grande salle de gymnastique. Au premier rang, il est facile de reconnaître les « chefs », trois gros bras au profil de gangster, qui, de toute évidence, imposent leur loi et sont craints par les autres détenus.

« Si tu les as avec toi, tu as gagné, me dis-je. Si tu les énerves et qu'ils décident de mettre la pagaille, t'es pas sorti de l'auberge… »

Ce jour-là, les surveillants m'ont prévenu :

- Les gars viennent au concert pour oublier qui ils sont et où ils sont. Évitez donc toute allusion à la prison et tout se passera bien.

Une consigne que, dans le feu de l'action, je vais complètement zapper.

Après la présentation d'usage, je rentre dans le vif du sujet avec une chanson inspirée par mes expériences en prison, « Condamnés à vie ».

J'en ai rencontré à Nanterre, Craiova ou Bangui
J'en ai vu ramper dans la poussière, comme des rats, des maudits
J'ai passé les portes de fer, côtoyé une autre misère
Laissé un rayon de lumière au plus profond de la nuit
Des condamnés à vie

Dans les prisons de France ou d'ailleurs et partout comme ici
Même sombre évidence, mêmes peurs, mêmes coups, même survie
Derrière les masques les plus durs, enterrées toutes les blessures
Les rêves d'enfant de ces hommes et de ces femmes aussi

Prisonniers, coupables et victimes à fois
Enchaînés, misérables, anonymes et sans voix
Condamnés à vie

Le ton est donné.

À partir de là, partant de mes propres expériences, je ne parle plus que de prison, de chaînes, et surtout de liberté. Je leur explique que j'ai connu une prison intérieure dans laquelle j'ai été captif de très nombreuses années, et dont j'ai fini par trouver la clé, par la puissance de Jésus-Christ. Je leur démontre qu'ils peuvent eux-mêmes sortir de cette prison intérieure et découvrir la vraie liberté, alors même qu'ils se trouvent derrière des barreaux.

Apparemment, mes propos suscitent approbation et respect chez les trois « caïds » du premier rang, et, par conséquent, chez le reste des gars. Au grand étonnement des surveillants, qui ont craint le pire à un certain moment, tout se passe sans le moindre problème.

Une expérience du même type a lieu au Brésil. Avec mes enfants et un groupe de scouts de l'Armée du Salut de Suisse, nous nous rendons dans un centre de détention d'enfants de la rue, à Recife.

L'endroit est dangereux. Quelques temps auparavant en effet, une tentative d'évasion collective a nécessité l'intervention des forces spéciales de la police. Les surveillants sont donc quelque peu « sur les dents ».

Les détenus, au nombre d'une centaine et âgés de treize à dix-huit ans, sont assis au centre d'une place de gymnastique. Avec l'équipe qui m'accompagne, nous sommes sur les gradins, à distance raisonnable. Par mesure de sécurité, on m'a très vivement déconseillé de m'approcher de ces jeunes délinquants.

Après la première chanson, je réalise que la distance qui me sépare de ces garçons crée un obstacle. Tout naturellement, peu à peu, je me rapproche d'eux, comme je le fais avec mon public habituel.

Lorsque j'interprète « *Bâtir sur le roc* », je suis au milieu de ces jeunes. Et alors que je chante : *« Si grand et si près de moi, pour m'aider m'encourager, me relever chaque fois, quand encore je suis tombé »*, je tends la main à l'un d'entre eux. Il la saisit et je le relève avec force. Puis je saisis les mains d'autres jeunes qui se lèvent eux aussi. Bientôt tous sont debout. Cette image me permet de leur montrer que, de la même manière, Dieu vient à leur rencontre pour leur tendre la main, les aider à sortir de leur condition et leur permettre de se tenir debout, avec fierté, honnêteté et dignité.

Les surveillants sont ébahis. Contre toute attente, le concert se termine dans la joie et la bonne humeur par un grand match de foot Brésil-Suisse. D'un côté, de jeunes et dangereux délinquants dont certains ont déjà derrière eux un lourd passé criminel ; de l'autre, de véritables enfants de chœur. Et pourtant, dans ce contexte de partage et d'amitié, nul ne saurait distinguer qui est qui…

Mes deux fils aînés sont à mes côtés lors d'un autre concert particulièrement marquant, celui donné à la prison de haute sécurité de Craiova, en Roumanie.

Dans un endroit qui ressemble à un décor hollywoodien des plus glauques, des membres des unités spéciales de la police assurent notre protection. Des « Rambos » taillés à la hache, armés de mitraillettes, de gilets pare-balles et… cagoulés.

C'est chaud !

Pour ajouter du piment à l'histoire, le pasteur travaillant au ministère de la justice et qui nous introduit dans ce lieu, a passé là trois ans de sa vie, à l'époque où il était lui-même un chef influent de la pègre locale.

C'est dans cette prison qu'il a été visité par Dieu et qu'il a vécu un changement de vie pour le moins radical.

Lorsque nous pénétrons dans la cour intérieure, notre « guide » est reconnu par les gars qui l'apostrophent bruyamment avec toutes sortes de requêtes et de demandes.

Une salle a été aménagée pour le concert. Parmi la centaine de détenus qui arrivent et s'installent les uns après les autres, certains ont vraiment le profil « serial killer ». La plupart d'entre eux ont pris perpète et sont voués à finir leurs jours dans ce sinistre établissement.

À l'arrière de la salle, la présence des miliciens cagoulés, *kalachnikov* au poing, n'est pas vraiment rassurante. Nous ne pouvons nous empêcher de penser qu'il suffirait qu'un détenu disjoncte et tente une prise d'otages pour que nous nous trouvions très vite devant un vrai problème.

Mais tout se passe pour le mieux.

Nous chantons quelques chants, puis nous leur parlons de l'amour et de la grâce de Dieu et du pardon en Jésus-Christ. Certains sont gagnés par l'émotion et les larmes. Comme un seul homme, tous se lèvent lorsque nous leur demandons qui veut suivre Jésus.

Combien d'entre eux ont-ils réellement compris le message et vécu quelque chose avec Dieu ce jour-là ? Impossible à savoir. Là encore, une fois de plus, la réponse appartient à Celui qui connaît toutes choses.

J'ai vécu ainsi des dizaines de concerts dans les prisons de France et de Belgique, mais aussi à Madagascar, au Brésil, au Congo, en Centrafrique et au Sénégal.

Dans ces concerts, certaines rencontres ont été particulièrement marquantes.

Je pense à cette Anglaise de vingt-deux ans, une très jolie jeune femme rencontrée dans une prison de Recife. À dix-sept ans, un « ami » l'invite à le suivre au Brésil. Au retour, elle se fait coincer à l'aéroport avec une grosse quantité de poudre dans ses valises. Elle vient de passer cinq années dans cet endroit sordide dans lequel elle a donné naissance à deux enfants. J'ose à peine imaginer comment elle survit dans cet enfer.

Avec mon épouse qui m'accompagne, nous lui promettons de revenir, afin de tourner une petite vidéo que nous allons envoyer à sa famille en Grande Bretagne. Lors de notre seconde visite, nous rencontrons la vieille femme qui vient la voir deux fois par semaine et qui lui remet de l'argent en échange de ses services sexuels.

C'est consternant.

Et tellement triste lorsque, devant notre caméra, la jeune femme laisse à sa famille et ses enfants un message lourd d'émotion dans lequel elle leur dit qu'elle les aime et leur promet d'être bientôt de retour à la maison.

Nous n'aurons jamais de nouvelles. Ni de sa famille, ni d'elle-même.

Si j'ose pénétrer dans certains endroits et affronter le regard de personnes vivant des situations de détresse et de souffrance inimaginables, c'est avec la ferme assurance d'un espoir et d'un avenir toujours possibles pour tout un chacun, par la grâce et le pardon du Dieu Tout Puissant et miséricordieux, capable de changer le mal en bien et attentif au malheureux qui implore son secours.

En finalité, *« chacun est esclave de ce qui a triomphé de lui »,* dit Dieu. Combien de gens libres sont-ils enfermés dans des prisons dont ils n'ont parfois même pas conscience ? Dépendances, pulsions, peurs, angoisses, dépression, accusation et fausse culpabilité ne sont-elles pas autant de chaînes qui retiennent les gens captifs ?

Dans mes concerts en prison comme dans tout autre endroit, l'essentiel de mon propos reste inchangé : Dieu nous a créés pour vivre libres.

Il appartient à chacun de découvrir cette liberté extraordinaire.

Chapitre 17

LES FILLES DE L'EST

Fin 2005, je souhaite fêter mes dix ans de chanson avec un nouvel album. Hélas, un emploi du temps surchargé m'oblige à revoir mes ambitions à la baisse. Le projet est réduit à un maxi single de quatre titres, *UNE AUTRE TERRE*.

C'est la première de mes productions qui ne fait pas l'unanimité parmi mon public. Les arrangements et le son couleur « Années 80 » sont jugés par certains, dépassés et obsolètes. Il faudra remédier à cela et corriger le tir pour l'album en préparation. Quant à savoir de quelle manière, je n'en ai pas la moindre idée.

La solution m'apparaît peu à peu, dans une suite d'événements, aussi singuliers qu'inattendus.

Nous sommes en avril 2006. *TRAFIC HUMAIN*, film américain montrant les réalités de l'esclavage moderne, passe à la TV. Devant la brutalité des images, je coupe aussitôt, car je supporte très mal ce genre d'histoires.

Dans les jours qui suivent, je suis tiraillé par le souvenir des scènes que j'ai vues. Jocelyne a enregistré le film et je me sens poussé à visionner la suite. Mais je ne sais dans quelle mesure un voyeurisme coupable se mêle à un hypothétique appel de

Dieu. Après en avoir parlé avec Jo, nous décidons enfin de regarder le film tous les deux.

C'est le choc. D'une extrême brutalité. Nous y découvrons comment, de nos jours, des trafiquants sans scrupules piègent leurs proies avant de les dresser à la prostitution, de les vendre comme du bétail et de les utiliser comme de la viande.

J'en ressors complètement marqué. Certaines images me poursuivent, jusqu'à hanter mes nuits. Savoir que des dizaines de milliers de jeunes femmes sont livrées, chaque année, dans nos pays, quasiment sous nos yeux, à cette intolérable forme d'esclavage, est une réalité qu'il m'est impossible d'accepter.

Mais que faire face à ce trafic monstrueux qui fait près de deux millions et demi de nouvelles victimes chaque année dans le monde ? Que faire, alors que la plupart des politiques occultent le problème et que certaines des organisations militant contre cette infamie font aveu d'impuissance ?

Tiraillé par ces questions, une nuit, vers deux heures du matin, alors que je ne trouve décidément pas le sommeil, je rejoins mon bureau pour écrire, d'un seul trait et avec rage, la chanson « Les filles de l'Est ».

Je suis persuadé que cet esclavage existe d'abord parce que nous choisissons de l'ignorer. Une chanson peut-elle, dès lors, contribuer à sensibiliser, réveiller la conscience collective et influencer les pouvoirs politiques afin que des mesures de répression soient mises en place tout en assurant la protection des victimes ? Je veux le croire. Tout comme je crois être appelé à m'investir dans ce combat.

Il m'apparaît dès lors évident que mon engagement doit reposer sur des fondements plus concrets que ceux d'une simple production cinématographique, aussi réaliste puisse-t-elle être.

J'entreprends donc un travail de recherches pour me faire une idée objective de la question et pour en saisir les tenants et les aboutissants. Par la découverte de reportages et d'enquêtes menées dans le milieu de la prostitution, mais également par de nombreux témoignages de victimes, je réalise que, malheureusement, la réalité dépasse trop souvent la fiction.

Certains rapports, publiés par l'Organisation des Nations Unies, font frémir : avec un chiffre d'affaires qui se compte en dizaines de milliards de dollars, le trafic d'êtres humains à des fins d'esclavage sexuel devance aujourd'hui les trafics d'armes et de drogue. Il fait 500.000 nouvelles victimes, chaque année, uniquement dans les pays de l'Est. À Moscou, par exemple, on dénombre 100.000 prostituées, dont la très grande majorité sont victimes de la traite.

En Moldavie, l'état le plus pauvre d'Europe, ce trafic fait figure de véritable fléau national. Le manque total de perspectives d'avenir dans leur pays conduit un nombre impressionnant de jeunes femmes à céder aux offres alléchantes de travail à l'étranger. Elles se retrouvent prises dans les griffes des marchands d'esclaves. Battues, violées, menacées, droguées, vendues et revendues, elles n'ont d'autre choix que d'obéir à leurs bourreaux pour espérer survivre à cet enfer. Au cours des dix dernières années, 30.000 d'entre elles ont disparu sans laisser de traces.

Un véritable génocide.

Beaucoup transitent par la Turquie, un pays où la prostitution est pourtant interdite. Parmi celles qui sont prises dans des descentes de police et ramenées à la frontière, 95% ont contracté la syphilis, l'hépatite ou le sida ! Assassinées dans leur être intérieur, détruites tant physiquement que psychologiquement, elles n'ont plus rien et ne sont plus rien.

Je rencontrerai, plus tard, certaines d'entre elles, dans des centres d'accueil créés par les organisations avec qui je vais collaborer. Leurs histoires sont plus tragiques les unes que les autres.

Mais c'est à Bruxelles, après un concert, que j'ai le premier contact avec ces jeunes filles, présentées aujourd'hui comme des « travailleuses du sexe ». Dans ce quartier-là, elles sont en vitrine, exposées telles des marchandises, essayant d'attirer le client par leurs poses suggestives et leurs regards faussement charmeurs.

Je suis particulièrement troublé par les plus jeunes, des adolescentes à peine sorties de l'enfance. Quel contraste entre la beauté de ces filles qui vous gratifient de leur plus beau sourire et la bassesse des commentaires des hommes qui les matent avec ironie et mépris.

La petite qui attire mon attention a sans doute à peine seize ans. La maladresse de ses attitudes et ses mimiques trop visiblement forcées traduisent son inexpérience et laissent entrevoir les vestiges d'une pudeur que le « dressage » qu'elle a subi n'a pas tout à fait détruite.

Le regard glacial de l'homme qui la surveille de près confirme mon impression : de toute évidence, elle est nouvelle « sur le marché ». J'ose à peine imaginer ce qu'elle a dû vivre ces dernières semaines. Debout dans la rue, je la regarde un instant avec insistance, priant Dieu qu'il mette dans mes yeux son amour et sa compassion afin qu'elle sente en moi quelque chose de différent, un peu d'humanité au milieu de la bestialité ambiante.

Je m'approche de la vitrine. Elle entrouvre la porte.

- Bonsoir ! lui dis-je. Est-ce que vous parlez français ?

- Quarante euros ! répond-elle, avec un lourd accent slave.

J'insiste :

- De quel pays venez-vous ? Quel âge avez-vous ?

Avec une expression d'enfant, elle me répète, invariablement, les deux seuls mots de français que son souteneur a jugé utile de lui apprendre.

- Quarante euros !

Alors, avec des gestes, j'essaie maladroitement de lui dire que Dieu l'aime et qu'elle a de la valeur.

A-t-elle compris quelque chose à mon message ? Je l'ignore. Mais le regard incendiaire que me lance le mac qui a observé la scène m'incite à ne pas m'attarder plus longtemps.

La mort dans l'âme, je quitte ce sinistre endroit avec un dernier regard pour cette malheureuse petite et un lourd sentiment de non-assistance à personne en danger.

Au hasard de mes tournées, à Paris, Nancy, Strasbourg, Lausanne, Genève, mais aussi aux Antilles et à Madagascar, j'ai l'occasion de rencontrer bon nombre de ces victimes. J'apprends à les aborder, simplement, juste pour leur dire qu'elles sont précieuses, et que personne au monde ne pourrait les acheter à leur vraie valeur.

La plupart du temps, quelques mots suffisent à faire tomber le masque de prostituée, laissant apparaître la petite fille fragile dont l'innocence massacrée semble ressusciter, l'espace de quelques instants. Parfois, une phrase sublime vient sceller ce moment dans ma mémoire. Une phrase telle que :

- Jamais un homme ne m'a parlé comme ça !

Ou :

- Si tous les hommes pouvaient penser comme vous…

Des mots lourds de sens dans la bouche de jeunes femmes traitées comme des moins que rien, selon l'image qu'elles sont forcées de donner.

Car le piège est diabolique : pour répondre aux exigences de leurs macs en terme de chiffre d'affaires et éviter les représailles et les coups, elles n'ont d'autre choix que de se « professionnaliser » au plus vite, de jouer le rôle que l'on attend d'elles : celui de parfaites salopes. Elles sont alors considérées comme telles par nombre de clients, qui les traitent comme des chiennes et les utilisent comme des poubelles.

Mais, derrière le masque, se cache une victime qui hurle sa souffrance dans des cris silencieux que personne ne semble vouloir entendre.

Comment les clients peuvent-ils ne pas imaginer que la jeune femme contrainte à satisfaire le dixième, voire le vingtième client de la journée pourrait être leur fille, leur petite-fille, leur copine ou leur sœur ?

Comment peut-on ne pas se poser de question et trouver ça normal ?

Comment certains osent-ils prétendre que la prostitution est un mal nécessaire, alors qu'elle n'est rien d'autre que la plus abjecte forme de violence envers les femmes, de domination du riche sur le pauvre et du puissant sur le faible ?

Combien de notables et de bien-pensants, qui osent attribuer à la prostitution le statut de « métier comme les autres » sont-ils prêts à envoyer leur propre fille en stage de formation dans un bordel ?

Quand va-t-on arrêter enfin cette détestable mascarade de mensonge et d'hypocrisie pour oser regarder la réalité en face et offrir un secours concret aux victimes de cet esclavage ?

Des victimes qui, en plus des maltraitances et des souffrances physiques qu'elles endurent jour après jour, sont livrées à une autre forme de violence, verbale celle-ci, dont on ne peut imaginer la portée et les dégâts.

Une amie, sortie de la prostitution depuis des années, me confiait, en pleurant à chaudes larmes, combien les plus basses insultes, qui la réduisaient au rang d'animal ou de déchet humain, continuaient de résonner à ses oreilles, comme gravées au fer rouge dans sa mémoire.

Face à moi, cette même amie se disait surprise par la force d'une empathie trop rarement manifestée chez un homme.

- Comment peux-tu être aussi sensible à notre souffrance ? As-tu été toi-même abusé sexuellement ? As-tu été proxénète ? Client ?

Rien de tout cela, en vérité. Même dans mes années d'addiction au porno, le respect de la femme était une valeur ancrée si profondément en moi que je n'aurais pu imaginer monnayer une quelconque « prestation » sexuelle.

La source de cette compassion particulière est à rechercher dans une prière faite il y a longtemps déjà et très souvent renouvelée :

- Seigneur, ne me laisse jamais indifférent, impassible ou résigné devant la souffrance de mes semblables. Mets dans mon cœur tes sentiments et ta compassion pour ceux qui sont dans la détresse et fais de moi un instrument dont tu te sers pour manifester ton amour et changer ce qui peut être changé.

J'ai l'intime conviction qu'à travers cette prière, Dieu m'a donné une sensibilité particulière face à l'enfer que vivent toutes ces malheureuses, devenues des proies faciles de par leur situation de précarité et de vulnérabilité. Suppliant le Tout

Puissant de m'aider à trouver comment générer des changements dans les mentalités pour combattre efficacement cet esclavage, je continue la lutte, avec des moyens dérisoires, certes, mais en m'interdisant la résignation d'une attente passive et stérile.

Lorsque j'en ai l'opportunité, je m'emploie à faire tout mon possible pour semer un peu d'espoir dans le cœur de ces jeunes femmes. Seul ou accompagné de mon épouse, j'essaie de leur apporter le peu que j'ai, souvent un petit présent avec une parole de réconfort.

Un soir, à Nancy, après un concert, nous partons avec Jocelyne à la rencontre de ces filles de la rue. Alors que nous parlons avec une jeune Nigériane, elle nous demande soudain :

- Êtes-vous chrétiens ?

À notre réponse affirmative, son visage s'illumine.

- Moi aussi ! s'empresse-t-elle d'ajouter. Où se trouve votre église ? Je veux venir prier et louer Dieu avec vous !

Pauvre petite.

Nous lui expliquons que nous ne sommes pas d'ici et essayons de lui donner l'adresse de l'église qui nous reçoit. À la fin de ce très court partage, je termine en lui disant que nous allons prier pour elle. Elle ferme aussitôt les yeux et me tend les mains. Avec beaucoup d'émotion, nous prions de toutes nos forces, invoquant la grâce de Dieu sur elle. Elle nous remercie en nous serrant tous les deux dans ses bras. Nous repartons, bouleversés par cette rencontre.

Elle reste là, toute seule dans la nuit, sur ce maudit trottoir.

Nos actions n'ont hélas rien d'extraordinaire. Elles nous laissent avec la frustration de ne pouvoir faire plus, mais aussi, malgré tout, avec la satisfaction d'avoir fait le peu que nous pouvions faire : aimer, écouter, compatir, et surtout, prier. Une mise en pratique très concrète de ce que Jésus demande à tous les chrétiens, en tous lieux.

Malheureusement, beaucoup de ces jeunes femmes ne parlent que très peu, voire pas du tout le français ou l'anglais, ce qui rend le dialogue impossible.

C'est le cas de ces jeunes Hongroises que nous rencontrons à Zürich.

Peter et Dorothée Widmer, un couple de pasteurs qui ont fondé *HEART WINGS*, une œuvre d'entraide sur la plus importante scène de prostitution en Suisse allemande nous invitent, avec mon épouse, à les accompagner toute une nuit dans leur travail.

Peter a trouvé un moyen percutant pour faire passer le message de l'amour de Dieu, même à celles qui ne comprennent pas notre langue. Il sort de sa poche une pierre ressemblant à une pierre précieuse. Il explique alors à la jeune fille qu'elle est comme un diamant, d'une intense beauté et d'une valeur inestimable. Il pose ensuite le diamant sur le sol et lui marche dessus.

- Tu es aujourd'hui par terre, écrasée, salie, dit-il. Mais Dieu veut te relever, essuyer tes larmes et te rendre toute ta pureté et ton éclat.

Disant cela, il ramasse délicatement le diamant, l'essuie avec soin et douceur avant de l'offrir à son interlocutrice. Les yeux brillants, les filles saisissent ce présent avec la joie d'un enfant recevant le cadeau longtemps attendu. Certaines l'ont déjà reçu lors d'une précédente visite : elles le sortent alors de leur sac et nous le montrent avec fierté. Elles ont compris le message.

Nous avons apporté des chocolats, des boissons et des CD que nous leur distribuons. Entourés de plusieurs d'entre elles, on se croirait dans la cour de récréation d'un collège. Elles sont si jeunes... Quelques instants plus tard, l'une ou l'autre va monter dans une voiture...

Mais ce soir-là, avec Peter, je vais apprendre d'autres leçons.

Nous sommes en discussion avec deux de ces jeunes femmes lorsque trois hommes s'approchent, le regard peu engageant. Des clients, de toute évidence, et qui semblent dérangés par notre présence.

- Que faites-vous là ? demande le plus âgé.

- Nous sommes là pour les filles, répond Peter avec un grand sourire. Et vous ?

- Nous, on est là pour le sexe !

- Bien sûr ! appuie Peter, avec son rire inimitable. Il faut du sexe, n'est-ce pas ? Il en faut toujours plus ! On n'en a jamais assez !

Les trois gars approuvent en rigolant. Cette simple affirmation a suffi à les apprivoiser. Notre ami continue alors en leur expliquant que le sexe ne comblera jamais leurs besoins les plus profonds et que le véritable amour ne se trouve qu'en Dieu, par Jésus-Christ.

Je suis bluffé de constater comment Peter a su gagner la sympathie de ces types et leur apporter une vérité aussi essentielle en quelques phrases, à deux heures du matin, dans un contexte aussi difficile et inhospitalier.

Mais je suis encore plus surpris lorsqu'il me montre quelques trafiquants, dont un malabar à l'allure de bouledogue, aussi avenant et sympathique qu'une hyène affamée. Peter s'approche pour saluer le molosse et lui offrir des chocolats. Celui-ci daigne à peine ouvrir la bouche et marmonner quelques mots incompréhensibles. Le rire de Peter ne le décrispe pas, mais notre ami ne se laisse pas impressionner par cette froideur de marbre et repart en lui souhaitant une bonne soirée.

- Celui-là est particulièrement cruel avec les filles, nous dit-il, lorsque nous nous sommes éloignés. Mais il a lui aussi besoin de connaître l'amour de Jésus. Nous prions pour lui. Un jour, peut-être...

Notre Dieu est le Dieu de l'impossible. Il peut toucher et transformer les cœurs les plus endurcis. Mais il a besoin pour cela d'hommes et de femmes, de chrétiens prêts à s'engager pour communiquer son amour de Père, merveilleux, insondable, dont la puissance reste l'arme absolue contre laquelle ni le mal, ni la haine ne résistent bien longtemps.

Pour ma part, je n'éprouve aucune difficulté à manifester cet amour aux détenus que je rencontre dans mes concerts en prison, bien au contraire. Mais je me sens beaucoup moins à l'aise d'annoncer la grâce de Dieu à des criminels qui sont encore en liberté.

Ce soir-là, face au bouledogue zurichois, j'avoue humblement que les pensées qui me traversent l'esprit sont plus proches des exploits de Bruce Lee que des enseignements de Jésus.

Pourtant, dans les jours qui viennent, le souvenir de cette expérience me conduit dans les plus folles réflexions.

Peter a raison. Dans l'absolu, amener un trafiquant à rencontrer Jésus et à se repentir de ses crimes reviendrait à sauver un nombre important de victimes. Je me dis alors qu'il faut prier que Dieu nous donne des opportunités de contacter et de toucher ces gens.

Quelques mois plus tard, nous sommes en Belgique pour un concert en plein air. Le pasteur qui l'organise nous fait visiter sa petite ville, dont il brosse un tableau pour le moins inattendu.

- Nous sommes ici au cœur de la mafia italienne en Belgique, explique-t-il. La place sur laquelle tu vas chanter est entourée de plusieurs établissements tenus par des mafieux. Trafic de drogue, proxénétisme, le coin est une plaque tournante bien connue. Monsieur X, l'un des deux plus puissants parrains du pays, gère quant à lui le restaurant que tu aperçois là-bas.

Me voilà avec une motivation supplémentaire.

Le concert se passe calmement, presque sans problème. Le lendemain, en prenant ma douche, une inspiration singulière me traverse l'esprit. Je m'empresse de la partager aux amis qui nous accueillent, Bernard et moi.

- Je me sens appelé à aller parler à ces mafieux. Nous irons après le culte.

Bernard s'amuse tout d'abord de la bonne blague, puis, réalisant que je suis sérieux, objecte vigoureusement :

- Non, Philippe ! Sur ce coup-là, je ne te suis pas !

Et pourtant... Il finit par m'accompagner, ainsi que nos amis Yves et Annick Dawant, qui s'occupent de mon bureau en Belgique.

Le premier établissement est fermé. Dans le second, le patron est absent. Nous nous rabattons donc sur le restaurant géré par monsieur X. Ce dernier nous accueille. Comme par hasard, nous sommes ses seuls clients ce jour-là. Nous en profitons pour faire connaissance avec lui. À la suite du repas, nous l'invitons à prendre un verre à notre table. Son épouse nous rejoint.

Je me lance alors, avec force et conviction, dans un discours qui ne m'est pas habituel.

- Monsieur X, je suis le chanteur que vous avez entendu

hier, sur la place. Dieu m'envoie vers vous avec un message particulier.

Il reste impassible, alors que son épouse me semble prête à se liquéfier. Je continue.

- Dieu vous aime. Il vous tend la main et, en vous offrant sa grâce, vous invite à mettre votre vie en règle avec lui, aujourd'hui. Car, qui sait ce que demain nous réserve... ?

Il m'écoute avec attention, puis me remercie poliment. Je lui offre un CD en lui indiquant un titre précis dans lequel il trouvera le message complet que Dieu désire lui communiquer.

En face de lui, son épouse s'est peu à peu détendue.

Lorsque nous les quittons, nous sommes surpris de la chaleur avec laquelle ils nous remercient de notre visite. Alors qu'ils nous prennent dans les bras comme de vieux amis, nous leur promettons de prier pour eux.

À ce jour, je n'ai pas eu de nouvelles de Monsieur X, si ce n'est d'apprendre qu'au moment de notre rencontre, il souffrait d'une tumeur cancéreuse.

Cette opportunité particulière de témoignage est restée exceptionnelle. Mais le Dieu que je sers est le Dieu de l'impossible, et je veux croire qu'il a des plans afin de multiplier ce genre d'aventures et de nous en faire voir les fruits.

Chapitre 18

À CONTRE-COURANT

Les événements relatés au chapitre précédent s'étalant sur plus de cinq années, il nous faut donc revenir en 2006 pour retrouver l'ordre chronologique de l'histoire.

La chanson « Les filles de l'Est » est confiée à Claude, mon arrangeur. Ce dernier, par une orchestration particulièrement riche et inspirée, l'habille d'une superbe couleur symphonique.

À cette époque, je travaille depuis quelques mois déjà avec les talentueux musiciens qui m'accompagnent dans mes concerts les plus importants. Parmi eux, Cristian Perez, le batteur. Lorsqu'il découvre la chanson, il m'interpelle :

- Pour ton prochain album, tu n'as pas pensé enregistrer avec un vrai orchestre symphonique ?

- Non, pas même en rêve.

Il continue :

- Tu sais, je connais un studio, à Prague, qui propose une structure d'enregistrement de ce type, avec des musiciens qui jouent à la Philharmonie tchèque. J'ai déjà travaillé avec eux. C'est cher, bien sûr, mais pas hors de prix.

Il n'en faut pas plus pour me convaincre.

Pendant qu'on y est, on va pousser le bouchon jusqu'à remplacer, sur les autres titres, tous les violons synthé par des vrais. Enfin, cerise sur le gâteau, on va démarrer l'album avec une grandiose entrée philharmonique.

Seul problème, mais de taille : le travail d'arrangements déjà effectué par Claude sur une bonne douzaine de chansons est à recommencer.

La pilule est amère pour lui. Il la digère pourtant très vite, car sa frustration est gommée par l'excitation d'enregistrer avec ces musiciens tchèques réputés pour être les meilleures cordes de la planète.

C'est un garçon formidable, Claude. D'une gentillesse, d'une douceur et d'une sensibilité hors du commun. À notre rencontre, quelques années plus tôt, il se prétend athée. Mais sa manière d'être a de quoi faire réfléchir nombre de croyants. Personnellement, je le classe plutôt dans la catégorie des « chrétiens qui s'ignorent ».

C'est donc avec lui et Cristian que nous partons à Prague, en février 2007. Mes amis Philippe Krüttli et Daniel Anders nous accompagnent. Le premier nommé assure la direction de l'orchestre, alors que le second va tourner des images que je pense pouvoir utiliser dans un clip.

L'expérience est marquante, et plus particulièrement encore pour Claude, qui fête là-bas ses 40 ans.

- C'est pour moi le plus beau des cadeaux ! nous assure-t-il.

Nous y retournons début juillet, pour terminer le travail. Entretemps, le projet a considérablement évolué, pour passer à un double album de 20 titres, dont la moitié avec le philharmonique.

D'entente avec Claude, certains arrangements ont été partiellement ou en totalité confiés à Fred Flohr, guitariste et arrangeur qui nous a rejoints. La collaboration et la complémentarité de ces talentueux musiciens engagés dans ce travail d'équipe sont un cadeau pour moi, mais aussi pour Claude. Il s'est en effet énormément investi dans ce projet qui représente beaucoup pour lui.

- Je me réjouis vraiment d'avoir ce CD dans les mains ! répète-t-il souvent.

Il n'y a qu'un titre qu'il ne connaît pas encore : « Seul ». J'ai eu l'inspiration du refrain plusieurs mois auparavant.

Et toi, tu fais ton cinéma
Même si t'en crèves, tu l'montres pas
Tu dis merci, tu dis ça va
Et tu souris, mais ça va pas
Tu restes seul

Depuis, plus rien. Curieusement, quelque chose semble m'empêcher de finaliser cette chanson.

Ce que j'ignore, c'est que ces mots correspondent vraisemblablement à ce que vit Claude à ce moment-là. Je n'ai pas de nouvelles de lui durant l'été. Mi-août, son amie m'appelle. Elle est très inquiète. Claude a disparu de leur domicile depuis 48 heures. Il était en pleine dépression.

Je me mets aussitôt en contact avec son frère, qui organise déjà les recherches. Il accepte volontiers mon aide. Je fais donc passer l'avis de disparition à tous mes contacts, via ma lettre de nouvelles.

Nos pires craintes se révèlent fondées. Douze jours plus tard, le corps de notre ami est retrouvé au pied d'une falaise.

Nous sommes catastrophés.

La première chose qui me vient immédiatement à l'esprit est d'honorer sa mémoire en lui rendant hommage sur le CD. L'inspiration qui me manquait pour terminer « Seul » m'arrive alors comme une évidence. Cette chanson qu'il n'a pas entendue lui sera dédiée. C'est de lui qu'elle va parler. Ce sera son histoire.

Je trouve dans la prière les mots qui me semblent justes pour lui rendre l'hommage qu'il mérite. Il a été le partenaire et l'ami à mes côtés tout au long de la réalisation de cet album. Son souvenir y restera gravé pour toujours.

À CONTRE-COURANT sort donc d'usine mi-novembre 2007. C'est un double album qui se présente comme un petit livre. Deux pages sont consacrées à Claude. L'une d'entre elles parle de sa vie et de notre amitié. De plus, quelques bribes de son histoire figurent dans la chanson « Seul ».

On a fait dans la « grosse production ». Les moindres détails ont été soignés, le résultat est très classe et... très coûteux. La page de couverture, à elle seule, avec son image lenticulaire, représente un supplément de prix équivalent au coût global d'un CD standard.

Pour l'anecdote, il faut signaler que ce sont mes deux fils aînés qui m'ont « tanné » jusqu'à ce que je cède à cette folie. Non sans l'accord de Jocelyne, qui a laissé dans l'affaire le budget prévu pour le changement de notre cuisine qui tombe en ruines.

Car l'idée, avec ce double album, est d'avoir un produit « référence » que je pourrai présenter dans les médias et, Dieu voulant, toucher un plus large public.

Les commentaires sont plus élogieux que jamais. Face à certains de mes « clients » qui me remercient de les honorer par la qualité du produit, ou à la star de la chanson suisse romande qui me certifie ne pouvoir se permettre un tel luxe, ou encore à l'animateur radio qui affirme n'avoir jamais vu une aussi superbe pochette en trente ans de métier, je vais devoir jouer l'équilibriste entre satisfaction légitime et orgueil mal placé.

Un numéro dans lequel, cette fois-ci, je ne suis pas convaincu d'être tout à fait performant, et qui se verra très brutalement interrompu.

Dans la nuit du 16 décembre, je rentre d'un concert en Belgique. Après des mois éprouvants, tant physiquement qu'émotionnellement, je vais enfin pouvoir prendre quelques jours de repos bien mérité en famille. Il est près d'une heure du matin lorsque Jo m'appelle sur mon portable.

- Je viens juste d'ouvrir le courrier, me dit-elle. Il y a un truc incroyable qui nous arrive : une lettre du tribunal. La famille de Claude a porté plainte à cause du CD. Ils exigent que celui-ci soit retiré de la vente. Tu es cité à comparaître devant un juge.

- ...

- Tu es toujours là ?

Je ne parviens pas à expliquer ce que je ressens à ce moment-là. Le coup est très dur à encaisser, et la tempête qui fait rage dans mes pensées me vaudra quelques nuits pour le moins agitées.

Je me retrouve donc au tribunal, le vendredi suivant, face à la famille de mon ami, qui m'accuse, je cite : *« d'avoir utilisé l'image de Claude à des fins commerciales, évangéliques et prosélytiques »*.

Je suis seul pour me défendre, pensant naïvement que ma bonne foi suffira à dissiper tout malentendu. Mais la dureté des propos de l'avocat à mon égard me place devant une implacable réalité. Je suis dépeint comme un abuseur et un profiteur.

Un salaud, quoi.

C'est vraiment très difficile à vivre. Dès lors, je sais que, quelle que soit la décision du juge, rien ne sera plus jamais comme avant avec cet album. S'il m'est retiré, j'aurai tout perdu. Si je peux continuer de le vendre, ce sera avec le poids insupportable de ces accusations.

Je ne vois pas d'issue.

La décision du juge tombe le lendemain, 22 décembre.

J'ai perdu. Le CD est interdit de vente. Tout mon stock sera confisqué. Plus de deux ans de travail, un énorme investissement financier avec une dette importante à la clé, et me voilà avec juste les yeux pour pleurer.

Mais ce n'est pas tout. J'ai l'interdiction formelle, sous peine de sévères sanctions, de parler de la situation dans mes lettres de nouvelles, exception faite du communiqué laconique dicté par le juge : *« Suite à une décision judiciaire, le CD À CONTRE-COURANT a été provisoirement retiré de la vente »*.

Je suis coincé. J'ai l'ordre de prendre toutes les mesures pour faire retirer tout ce qui concerne le CD sur Internet, mais je ne suis pas autorisé à utiliser le seul moyen dont je dispose pour cela. Il m'est dès lors impossible de prévenir tous les acheteurs et les revendeurs, alors que déjà trois mille cinq cents albums ont été écoulés, en Suisse, en France, en Belgique et au Québec.

L'avocat de la partie adverse s'en prend à moi lorsqu'il découvre, sur le Web, la plus petite pub ou la moindre allusion à l'affaire. Un véritable harcèlement.

Noël laisse à toute la famille un goût particulier, cette année-là.

En janvier, je dois me débrouiller pour livrer mes seize mille cinq cents albums – deux tonnes de matériel – dans les locaux du tribunal où l'affaire est traitée.

Je n'ai plus rien. Je suis à terre.

D'autant plus que nous sommes confrontés à un autre drame : le décès de Valerio, un ami, un frère, qui a été mon compagnon de route durant toute une période.

C'est à l'époque des enregistrements du J.P.B. que je l'ai rencontré.

Il s'approche de moi après un concert, se présente, et exprime le souhait de m'accompagner dans une tournée, après la très délicate opération qu'il doit subir prochainement : une transplantation de foie. La couleur jaune citron de son teint ne laisse planer aucun doute quant à l'urgence de l'intervention.

Il reprend contact trois mois plus tard. L'opération a été un succès. Il me raconte son invraisemblable histoire.

Le décès de sa maman, alors qu'il est âgé de sept ans, a laissé dans son cœur d'enfant de profondes blessures. Dès la préadolescence, des fréquentations douteuses l'entraînent dans la spirale des dépendances aux drogues et à l'alcool. Il survit à vingt années dans l'enfer de la toxicomanie et de l'alcoolisme profond.

C'est dans un état d'épave humaine qu'il franchit un jour la porte d'un local où se réunit un groupe de jeunes chrétiens. Là, soudainement, il est saisi par l'amour et la grâce de Dieu. Commence alors un long et très difficile combat qui le conduit à une reconstruction que ses proches jugent miraculeuse.

C'est sur ce chemin de guérison à la fois intérieure et physique que je le rencontre.

Une belle complicité va très rapidement naître entre nous. Il devient le compagnon de route, le frère avec qui je partage mes luttes et mes combats, mes joies et mes victoires. Je suis émerveillé devant ses progrès, sa soif de Dieu et son amour pour tous ceux qui souffrent. Il aime à se rappeler qu'il revient de nulle part, et que Dieu est venu le chercher dans le caniveau. Il donne son témoignage durant mes concerts et prie pour les gens qui le lui demandent. Nombreux sont celles et ceux qui sont touchés par Dieu à travers lui.

Nous parcourons tous les deux la Suisse, la France et la Belgique, mais aussi la Roumanie et la Centrafrique. Nous vivons ensemble certains des épisodes relatés dans les chapitres précédents.

Après plus de deux années riches en expériences, il souhaite entreprendre des études théologiques. Je lui exprime le malaise que je ressens face à cette orientation, mais mes réticences sont très vite balayées par sa détermination. Et puis, il a sans doute raison, que peut-il lui arriver dans une école biblique ?

Nous prenons donc officiellement congé l'un de l'autre, lors d'un dernier concert dans la région, et il commence ses études.

Son programme est particulièrement dense. Il travaille d'arrache-pied pour rester dans la course. Il y parvient, presque jusqu'à la fin de la première année. Mais un jour, c'est le clash : il part en burn-out.

Un seul verre de vin suffit alors à déclencher un processus de mort contre lequel il va lutter durant près de deux ans. Dans le dernier SMS que je reçois, il affirme voir enfin le bout du tunnel. « Je m'emploie, dit-il, à faire tous mes efforts, dans la prière et la foi, pour redevenir le Valerio que vous avez connu ».

Au moment où tous le croient tiré d'affaire, il est retrouvé sans vie dans un lieu public. On ne saura jamais ce qui s'est réellement passé.

Nous sommes alors le 5 janvier 2008, quatre mois seulement après le décès de Claude…

Tout cela est vraiment très difficile à vivre.

Devant les situations qui me dépassent, je me suis habitué à ne pas demander « Pourquoi ? » au Seigneur, mais plutôt « Pour quoi ? En vue de quoi, Seigneur ? »

Face au décès de Valerio, j'avoue n'avoir pas trouvé encore de réponse à mes questions.

Je dois accepter cette réalité : la foi ne nous donne pas seulement la puissance de changer les choses pour les rendre telles que l'on voudrait. Mais elle nous donne également la force de les affronter telles qu'elles sont.

Dans les semaines qui suivent, une solution se profile dans l'affaire du retrait du CD. Sur les conseils d'un avocat qui gère mon dossier avec professionnalisme et empathie, je propose à la partie adverse de modifier l'album. La pose d'un autocollant pour recouvrir la page contenant le texte litigieux et une nouvelle version du second CD, sans aucune allusion à Claude, nous permettra de sauver le coffret.

La proposition est acceptée, sous réserve de conditions draconiennes. Je récupère mon matériel mi-février et, durant toute une semaine, avec une équipe de bénévoles, nous effectuons un travail de fourmi : enlever le film plastique, coller l'autocollant sur la page trois et remplacer le second CD par la nouvelle version qui a été pressée. Une opération à répéter seize mille cinq cents fois et estimée par le fabricant à trois cents heures de travail.

Tout est scrupuleusement contrôlé par l'avocat des plaignants. Du collage des autocollants au comptage des CD avant leur destruction, le monsieur va jusqu'à s'assurer qu'il s'agit bien du CD avec la chanson qui parle de Claude.

Lorsque je balance mes cartons dans l'incinérateur, c'est avec un pincement de cœur et l'impression d'enterrer Claude une seconde fois.

Cette hallucinante et bien triste histoire se termine ainsi.

Il est dès lors aisé de comprendre pourquoi j'ai choisi un nom d'emprunt pour parler de cet ami dont le temps n'effacera jamais l'impérissable souvenir.

La distribution de l'album ainsi modifié peut reprendre, mais ce brusque coup d'arrêt est lourd de conséquences pour moi, à tous points de vue.

Pourtant, dès le début de cette épreuve, un passage de la Bible m'encourage et m'apaise : « *Je suis le cep, vous êtes les sarments*, dit Jésus, dans Jean 15. *Quand un sarment porte du fruit, il est émondé, taillé, afin qu'il porte encore plus de fruit* ». J'ai souvent cité cette parole dans mes prières. « Ok, Seigneur, s'il faut être éprouvé de la sorte pour porter plus de fruit, pour que davantage de gens te connaissent, alors je l'accepte, car je te fais confiance ».

Je n'ai pas longtemps à attendre pour voir Dieu changer le mal en bien. Tout d'abord, par un fantastique élan de soutien, d'encouragements et de prières : des dizaines et des dizaines de messages me parviennent d'un peu partout. C'est vraiment précieux dans ces temps difficiles.

Puis, sans que je n'aie jamais sollicité quoi que ce soit, des dons accompagnent les messages. Parfois juste quelques francs, envoyés par une mamie ou un enfant. Parfois aussi des sommes dont les montants nous laissent stupéfaits, infiniment reconnaissants mais également mal à l'aise de recevoir ce que nous pensons n'avoir aucunement mérité.

Parmi mes plus proches amis, on me pousse alors à envisager une autre forme de fonctionnement. « Tu ne peux pas continuer à t'engager comme tu le fais, sans soutien extérieur, me dit-on. Tu as besoin de personnes qui t'entourent et t'assistent dans tes combats et dans ton ministère ».

L'idée fait son chemin. Fin février 2008, l'association Espoir Diffusion est créée. Les amis qui le souhaitent ont ainsi la possibilité de s'impliquer concrètement à mes côtés. De plus, les actions que j'entends mener dans cet appel particulier qu'est la lutte contre le trafic humain auront très certainement plus de poids en étant appuyées par une association.

Car, de ce côté, les choses peinent à se mettre en place. Dès le début, j'ai cherché à réaliser un vrai clip avec la chanson « Les filles de l'Est ». Il y a bien celui que nous avons tourné avec les images de l'enregistrement à Prague, et qui est déjà en ligne sur divers sites, mais mon idée est d'y ajouter des images montrant les réalités de ce trafic.

Unesco, Parlement Européen, Conseil de l'Europe, Amnesty International, je prends des tas de contacts pour parler de mon projet. Bien des gens m'encouragent dans ma vision, mais personne ne m'offre le moindre soutien.

Comment faire, alors que la réalisation du clip selon le scénario que j'ai écrit suppose un budget beaucoup trop élevé pour mes faibles moyens ? En réfléchissant au film *TRAFIC HUMAIN*, qui m'a inspiré la chanson, je réalise qu'il contient les images dont j'aurais besoin. Une idée folle me traverse l'esprit: « Et si j'achetais ces images ? »

Je tente alors de contacter les producteurs, me lançant dans un vrai parcours du combattant. Après des semaines de recherches, j'obtiens enfin le bon contact à New York. Le miracle se produit. Ils acceptent de me céder deux minutes trente d'images de leur film pour la somme de six mille dollars. Je reçois le matériel avec un simple contrat à signer : neuf clauses tenant sur une page A4.

Je suis aux anges.

Le clip est très rapidement monté par Daniel Anders. La force de la chanson est décuplée par les images. Les gens en sont littéralement « scotchés », comme ce gars, rencontré dans une prison belge, et qui a derrière lui un passé de proxénète.

- Tu ne t'imagines pas quelle bombe tu as entre les mains ! me dit-il. En regardant cela, j'ai pris conscience, pour la première fois, du mal que j'ai fait.

Il n'y a plus qu'à signer le contrat, payer la facture, et c'est parti pour la diffusion.

C'est alors qu'apparaît un problème de taille.

Une des clauses du document stipule que je dois obtenir l'autorisation écrite de tous les acteurs qui figurent dans le clip. « Très facile de les convaincre, me dis-je ».

Sans doute. Mais quant à joindre ces gens, cela s'avère, pour certains d'entre eux du moins, simplement impossible. La maison de production m'a transmis les adresses de leurs agents respectifs, mais ceux-ci ne sont pas disposés à faire suivre ma demande.

Je multiplie les démarches pour tenter de faire avancer le

dossier. Sans succès. La seule proposition d'aide concrète me vient d'une avocate parisienne, spécialiste en droit international, qui veut bien prendre l'affaire en charge. Seul bémol, elle travaille à 200 à l'heure (deux cents euros !) et ne donne aucune garantie quant au succès de l'entreprise.

On oublie.

Le plus ragcant, c'est que je réussis malgré tout à joindre quelques-uns des acteurs, comme la canadienne Laurence Leboeuf, que j'ai un jour au téléphone. Elle me félicite pour mon travail et m'assure de son soutien. Hélas, elle ne dispose d'aucun contact parmi ceux qui me manquent.

Il faut continuer de chercher.

Dans les mois qui suivent le retrait de l'album *À CONTRE-COURANT*, je suis dans un état de saturation et d'épuisement proche de la rupture. Je crains que le fait de tirer ainsi sur la corde ne mette ma santé en péril. Jacques Ditisheim, désormais ex-directeur du Conservatoire, me suggère un arrêt maladie. Cette solution n'est pour moi pas envisageable, dans la mesure où je continue de me produire en concert.

Une décision difficile s'impose : prendre une année sabbatique dans mon activité de professeur. J'y pensais depuis longtemps, sans jamais avoir osé faire le pas. Mais, à ce moment-là, je sais que je n'ai plus vraiment le choix. Juin 2008, je dis au revoir à cette vénérable institution dans laquelle j'ai passé vingt-deux années de ma vie.

Au fond de moi-même, je sais déjà que cet au revoir est un adieu.

Chapitre 19

ESPOIR DIFFUSION

L'arrêt de l'enseignement me permet de respirer un peu et de recharger mes batteries. Revers de la médaille, je suis désormais sans revenu fixe, alors que mon activité de professeur me garantissait une certaine sécurité financière. Je sais que la démarche n'est pas sans risque, mais j'ai appris à faire confiance à Dieu. Maintes fois, en effet, j'ai goûté au privilège de le voir agir de façon inattendue, et particulièrement dans mes finances.

J'en veux pour preuve cette histoire, qui débute en 2006.

Ma fille Gabrielle me présente un jour un livre qu'elle vient de dévorer.

- Papa, me dit-elle, il faut absolument que tu lises ce bouquin !

Ça s'appelle *L'ŒIL DU TIGRE*. C'est la biographie de Tony Antony, un ancien champion du monde de Kung Fu, qui a sombré dans la criminalité, a été arrêté et condamné, avant de vivre une expérience extraordinaire avec Dieu dans une terrible prison de Chypre.

Dans l'avion qui m'emmène en tournée à Madagascar, je trouve enfin le temps de me plonger dans cette lecture. J'en ressors enthousiaste, convaincu que ce témoignage pourra redonner courage et foi à tous ceux qui ne voient plus de perspective d'avenir dans leur vie. « Il faut absolument que je puisse l'offrir à plein de gens, me dis-je. Et particulièrement dans les prisons ».

De retour en Suisse, je contacte l'éditeur. J'ai besoin d'un grand nombre d'exemplaires, pour les distribuer gratuitement.

- Pour une grande quantité, m'informe le responsable, on peut imaginer imprimer une version de poche, à un prix défiant toute concurrence.

- C'est combien une grande quantité ?

- Dix mille.

Cela suppose un investissement qui tombe plutôt mal, car je traîne alors comme un boulet une grosse facture d'impôts impayés.

J'ai pour habitude de soumettre mes projets autour de moi, à mon épouse, mes enfants, mes amis de l'église. Ce coup-là sera une première : je suis si convaincu que je fonce, tête baissée, sans réfléchir plus loin.

Je passe commande.

- Dix mille bouquins ?!? Mais tu es fou ! s'exclament certains de mes proches. Pourquoi une telle quantité ?

Je réponds avec ironie.

- Ben… pour plus que ça, je n'avais pas la place dans mon garage.

Mon plan de promotion est déjà établi. Je vais envoyer le livre, gratuitement, à tous mes contacts, soit près de mille adresses. Les ventes qui suivront devraient me permettre de couvrir mes frais.

Le résultat ne se fait pas attendre. Au prix de vingt euros les dix exemplaires, le livre fait un tabac. Trois semaines et demie plus tard, je suis en rupture de stock.

C'est juste invraisemblable. Je commande immédiatement un nouveau lot de dix mille.

J'écoule ainsi, en cinq ans, plus de trente cinq mille *L'ŒIL DU TIGRE*. Des centaines sont distribués dans les prisons, lors de mes concerts. Je reçois, là aussi, des témoignages de gens qui ont trouvé dans cette lecture une grande source d'encouragements. Le but est atteint, au-delà de mes espérances les plus folles.

Cerise sur le gâteau, le bénéfice de l'opération me permet, en quelques semaines seulement, de régler mes arriérés d'impôts.

Durant la première année d'Espoir Diffusion, la mise en place des structures et du fonctionnement de l'association prend du temps et de l'énergie. L'arrivée de Marc Scheidegger, à la présidence, deux ans plus tard, nous permet de trouver notre rythme de croisière.

Mais en août 2008 déjà, nous envisageons une première réalisation. Nous évoquons la possibilité de produire un DVD de concert dans lequel, en bonus, je donnerais mon témoignage et parlerais de mon combat contre le trafic humain. Le projet est présenté, pour information, dans une de mes lettres de nouvelles, envoyées, par courriel, à près de trois mille contacts.

Le lendemain, on m'appelle au bureau. C'est un cher ami que je connais pour l'avoir rencontré lors d'une réunion chrétienne. Il suit mon parcours avec intérêt.

- Je suis sensible à la cause que tu défends, me dit-il. J'aimerais faire un don pour la production d'un clip dénonçant l'esclavage moderne. Dieu m'a mis à cœur de verser dix mille francs suisses (huit mille euros) à ton association.

Je suis ému aux larmes. C'est si extraordinaire et si inattendu ! Une fois de plus, Dieu nous surprend. À sa manière. Alors que nous priions pour connaître sa volonté, ce don est le feu vert attendu pour lancer notre projet DVD.

Première étape : le concert. Il aura lieu à l'église « La Porte Ouverte Chrétienne », à Mulhouse, le 15 novembre. Avec mes musiciens, mes choristes, mais aussi un chœur d'une cinquantaine de personnes et des effets lumineux et visuels, la barre est placée très haut.

Si le concert est une réussite, tant musicalement que techniquement, c'est que tous, musiciens, chanteurs, techniciens et bénévoles s'investissent à fond à mes côtés. Quelqu'un a dit : *« L'important n'est pas ce que l'on fait, mais bien le but pour lequel on le fait ! »* Et le but commun est ici de vivre un temps dans lequel Dieu va se révéler aux uns et aux autres, pour bénir, relever et encourager tous ceux qui en ont besoin. Cette même unité de pensée permet à Dieu, je le crois, d'agir à travers nous tous.

Et les avis du public le confirment : certaines personnes qui, pour la première fois, mettent les pieds dans une église évangélique, sont touchées, tant par le message des chansons que par l'atmosphère particulière qui règne dans la salle.

Au milieu des gens qui m'abordent, une dame, rayonnante :

- Monsieur, me dit-elle, je suis une grand-maman de soixante-dix ans. Après cinquante années de vie chrétienne, je n'imaginais pas pouvoir encore vivre quelque chose d'aussi fort que ce que j'ai vécu ce soir.

D'autres témoignages me parviennent par la suite, comme celui de ce couple qui affirme que leur vie a complètement changé depuis ce concert.

Les mois qui suivent sont consacrés à la réalisation du DVD. Difficile d'imaginer toute la complexité de ce travail. D'autant plus que, une fois encore, on ne fait pas dans le standard. Mon fils Jonathan, tombé amoureux du Brésil lors de la tournée que nous avons faite là-bas en famille, insiste pour que le DVD soit sous-titré en portugais. Son argument : puisque les premiers membres d'honneur d'Espoir Diffusion sont les brésiliens Kàkà et Edmilson, champions du monde de football, il faut prévoir de diffuser l'album au Brésil également.

Il ne met pas longtemps à me convaincre.

Je parle de cela dans une lettre de nouvelles, et un de mes contacts me demande des sous-titrages en français. Il m'explique que sa fille est sourde, mais que, comme toutes les personnes sourdes, elle perçoit pourtant certaines vibrations dans la musique. Avec le texte affiché à l'écran, elle pourrait profiter du concert, à sa manière.

L'idée me séduit. Je me réjouis de pouvoir rejoindre ainsi, avec mes chansons, des personnes trop souvent oubliées.

Pendant qu'on y est, dans les sous-titrages, on va ajouter l'anglais, l'allemand et l'italien. Puis d'autres encore.

Informées par lettre de nouvelles, ce sont bientôt des dizaines de personnes, certaines depuis l'autre bout de la planète, qui me proposent leur aide pour les traductions. Finalement, avec l'espagnol, le néerlandais, le roumain, le polonais et le russe, nous avons dix langues au total.

Comme prévu, il y aura aussi, dans le DVD, une émission reportage sur ma vie, mon parcours et mes engagements : plus de deux heures trente de programme. Un programme dans lequel devra figurer un clip illustrant notre combat contre la traite des êtres humains. Alors que nous sommes toujours dans l'attente des autorisations de diffusion du clip « Les filles de l'Est », nous devons chercher dans une autre direction. Nous décidons alors d'investir dans la production d'un autre clip, « Il faut que le monde sache », l'histoire de Tatiana, qui figure sur le CD *À CONTRE-COURANT*.

Daniel Anders, réalisateur des bonus du DVD, aime à me le répéter : il est difficile de parvenir à un résultat professionnel avec des moyens modestes. C'est pourtant ce que nous allons expérimenter.

Je n'ai pas la moindre idée quant à savoir où, quand, comment et avec qui entreprendre le tournage, lorsque Lidia Zeller, amie et membre de l'association, m'appelle. Elle souhaite s'investir dans nos projets. Elle m'apprend qu'elle est d'origine roumaine et qu'une partie de sa famille vit encore là-bas. Il est tout à fait possible d'envisager un tournage en Roumanie. Mieux que ça : elle se propose de l'organiser. De plus, sa fille Rebecca est maquilleuse et pourrait nous accompagner. Il ne nous manque que la comédienne qui va jouer le rôle de Tatiana. Je pense immédiatement à Véronique Grisel-Wüthrich, rencontrée « par hasard » à Paris lors d'une tournée. Enthousiaste, cette dernière embarque avec nous dans l'aventure lorsque, quelques semaines plus tard, nous nous envolons pour Bucarest.

Le clip est complété par des scènes tournées à Paris et dans le Jura.

Compte tenu de tous ces paramètres, ce n'est qu'en été 2009 que le DVD *CHANTER POUR TOI* voit le jour. Une fois de plus, mon équipe de production et de réalisation a fait le maximum. Jusque dans les moindres détails, tout a été travaillé avec soin et professionnalisme. Par sa qualité et son originalité, ce DVD devrait être à même d'intéresser les médias, aussi allons-nous mettre le paquet dans la promotion.

Avec l'aide de professionnels, nous préparons un communiqué de presse que nous envoyons, avec les albums *CHANTER POUR TOI* et *À CONTRE-COURANT* à plus de cent vingt adresses dans les médias francophones. Journalistes, revues, radios, TV, nous ratissons large. Mais le résultat laisse songeur : une seule radio, à Paris, m'invite pour présenter mon travail dans l'émission du matin.

Que manque-t-il donc pour susciter véritablement l'intérêt ?

Peut-être simplement l'appui d'une personnalité connue, ou de « quelqu'un qui connaît quelqu'un qui connaît quelqu'un... »

Nous avions pensé que la présence de Kàkà et d'Edmilson à nos côtés comme membres d'honneur de l'association – et pas « membres donneurs », comme on pourrait le supposer – nous apporterait une plus grande crédibilité.

De toute évidence, il n'en est rien. Au contraire, certains de mes contacts sont gênés par cette démarche, pensant que j'ai « attrapé la grosse tête ». Mais je n'ai rien à faire d'une quelconque gloriole, et je ne suis pas particulièrement à l'aise sur un plateau TV... Toutes mes recherches de médiatisation n'ont d'autre but que de faire avancer le combat que nous menons contre l'esclavage moderne à travers le message que véhiculent mes chansons.

Dans cette même idée, j'envoie les albums à plus de deux cents artistes, chanteurs et comédiens célèbres. Mon attente est, là aussi, de trouver l'appui de personnalités qui pourront m'ouvrir certaines portes.

Une fois de plus, hormis quelques lettres de remerciements, la démarche reste stérile. Pour espérer mieux, il me faudrait un agent artistique, un professionnel de la branche connaissant les rouages du système et sachant à quelles portes frapper. Hélas, cette perle rare ne s'est jamais présentée au portillon.

Et ce n'est pas faute d'avoir cherché.

Durant des années, je prie Dieu qu'il m'envoie quelqu'un. Et puis, un jour, il me semble que mes prières sont enfin exaucées.

Une dame, rencontrée lors d'un concert en Belgique, me propose son aide. Une aide bénévole, mais... pas vraiment gratuite. La dame en question traverse un tas de problèmes, de situations plus abracadabrantes et plus incroyables les unes que les autres, mais comme son mari étudie la théologie, nous ne mettons pas en doute la véracité de ses dires.

Elle devient ma collaboratrice attitrée. Son témoignage figure en bonne place sur mon site Internet ainsi que dans les bonus du DVD. Elle dit rencontrer nombre de gens importants et multiplier les démarches pour promouvoir mes albums. Tout cela, semble-t-il, avec un zèle hors du commun.

Mais ses problèmes personnels sont toujours à la une de l'actualité. Je passe donc un temps fou à la soutenir, la relever et l'encourager, avec force conseils et prières.

Ce n'est qu'après plus de quatre années que je découvre enfin le pot aux roses. Prise sur le fait, elle finit par avouer :

- C'est vrai, je reconnais avoir tout inventé pour attirer l'attention sur moi.

Nous sommes sidérés en réalisant tout le temps volé et toute l'énergie dépensée dans des histoires purement imaginaires. La pilule est amère et la digestion difficile. Avec mon épouse et les enfants, nous nous sentons trahis, abusés, salis.

Difficile de trouver le « Pour quoi ? » de tout cela, même si, de toute évidence, il y a de bonnes leçons à tirer de cette pénible expérience.

Chapitre 20

IL Y A TOUJOURS QUELQU'UN

Dieu merci, soutenu par l'engagement et le sérieux des gens qui m'entourent, je parviens assez rapidement à tourner la page. D'autant plus qu'un nouvel objectif se profile déjà à l'horizon.

Le comité d'Espoir Diffusion propose de produire un CD que chaque membre de l'association pourra offrir autour de lui, afin de mettre en pratique notre slogan: « *Porter l'espoir là où il n'y en a plus* ». La formule retenue est celle d'un album de concert, du même style que *TANT QU'IL Y AURA DES HOMMES*, mais dans un vrai Live cette fois.

Nous sommes alors en mars 2010, en pleine préparation d'un autre événement de taille : le week-end « RENDEZ-VOUS CHEZ MOI », à l'occasion de mon cinquantième anniversaire.

Je n'avais pas pensé marquer mon passage chez les quinquas de manière particulière. Mais l'initiative de mon ami Rinaldo, qui se propose d'organiser un concert avec musiciens dans la région, m'offre l'opportunité d'inviter famille, amis et connaissances pour un week-end de fête et de partage.

Apéro dînatoire gargantuesque, grande soirée de gala, célébration le dimanche matin suivie d'un repas en commun, le programme va enthousiasmer près de mille personnes sur les deux jours.

Certains amis sont venus de loin, de Paris, Lyon, Marseille, Bruxelles et même du Québec. Pour ma plus grande joie, des membres de ma famille élargie, perdus de vue depuis ma jeunesse, sont présents également.

Lorsque Jocelyne et moi arrivons à la salle, le samedi après-midi, nous sommes ébahis de découvrir le travail réalisé par les amis de l'église. L'organisation est digne des plus grandes réceptions, et nombre d'invités se disent honorés d'être reçus comme des rois. Jocelyne finit par fondre en larmes, touchée de voir toutes les personnes qui s'activent, dans la joie et la bonne humeur, pour offrir cette prestation « cinq étoiles ».

Le concert de gala est un régal. Mel T et Déborah Rosenkranz, ainsi que mon frère Marcel, invités d'honneur de la soirée, me permettent d'offrir au public des duos particulièrement appréciés. Mais le plus gratifiant pour moi est d'être entouré de mes quatre enfants, qui expriment leurs talents dans des prestations rap, batterie, chant et danse hip hop. Un programme riche et varié, et surtout plein d'émotions, comme le sera la célébration du lendemain matin.

Nous commençons par un temps de chants et de reconnaissance à notre Dieu, suivi d'une surprise concoctée par mon ami le pasteur Georges. Ce dernier présente une vieille vidéo, dont j'ignorais l'existence, tournée une vingtaine d'années plus tôt. On m'y retrouve, sur scène, avec notre fameux groupe SHALOM, dans un de mes tout premiers concerts.

Chacun prend ainsi la mesure du chemin parcouru. Un chemin qui, à mes yeux, témoigne de la fidélité de Dieu, ce Dieu de l'impossible qui m'a déjà donné d'aller au-delà de mes rêves et qui continue de me surprendre. Un chemin qui témoigne aussi de la fidélité des gens qui m'entourent, mon épouse, ma famille et les amis avec qui nous cheminons depuis tant d'années. Quel privilège de pouvoir prendre le temps de s'arrêter, et d'exprimer notre reconnaissance mutuelle pour tout ce que nous avons vécu ensemble.

À un moment, durant les chants, l'émotion est si forte que je ne suis plus capable de produire une seule note. Les yeux fermés, noyés de larmes, je me laisse simplement remplir, inonder par l'intense bonheur de ces instants privilégiés aux accents d'amour et d'amitié.

Un couple d'amis alsaciens me confiera que l'impression ressentie si particulièrement durant la célébration les a accompagnés tout au long du chemin du retour. « Dans la voiture, me diront-ils, la présence de Dieu était encore tellement forte qu'un simple regard suffisait à déclencher à nouveau des flots de larmes de bonheur ».

Ce genre d'impression et de sentiment est difficile à décrire, pour celui qui le vit, et difficile à imaginer pour celui qui ne l'a jamais vécu. Ça ressemble aux larmes versées par des parents à la naissance de leur premier enfant, ou à celles d'un champion de tennis qui gagne enfin « le » tournoi qui manquait à son palmarès. Pour le chrétien, ces larmes accompagnent les temps bénis où Dieu se révèle par la douceur de son amour et de sa présence.

Ainsi, le temps d'un week-end, entouré de ma famille, de mes proches et de tous mes amis, je prends la pleine mesure de ce que Dieu m'a donné de vivre et de réaliser depuis le jour où je me suis abandonné à lui.

Car il y a eu l'avant, mes vingt-cinq premières années sans Dieu, malgré ma croyance et mes « bonnes » œuvres. Des années passées à me préoccuper de ma petite personne, à essayer d'assouvir mes envies et à courir après un plaisir que j'ai cru saisir quelquefois, mais qui m'échappait aussitôt à la vitesse d'un feu d'artifices englouti par une obscurité toujours plus sombre.

Et il y a eu l'après, la vie nouvelle, la vraie, celle avec V majuscule.

Une vie où tout n'a pas été facile, où il a fallu affronter des épreuves, des luttes, des déceptions, des frustrations. Il y a eu des moments de ras-le-bol, où tous les efforts semblaient vains, où le découragement guettait, tel un fauve prêt à fondre sur sa proie.

Mais c'est bien dans ces moments-là qu'il m'a été donné d'expérimenter, plus souvent qu'à mon tour, combien Dieu est fidèle et combien les promesses de sa Parole, la Bible, sont vraies et concrètes pour celui qui choisit de persévérer dans la foi.

Après ces années de route, la présence de tous mes amis est mon plus beau cadeau d'anniversaire. La plus belle des reconnaissances. Un merveilleux clin d'œil de la part de Celui qui connaît mon cœur et mes aspirations les plus profondes.

L'un des points forts de la fête, le rap « Il y a toujours quelqu'un », écrit et interprété par mon fils Jonathan, fait fureur. Il s'impose tout naturellement comme le titre phare de l'album Live proposé par Espoir Diffusion.

L'enregistrement est prévu à Mulhouse, une fois encore, les 1 et 2 octobre 2010. Pour ficeler le programme, rien de tel qu'une… ficelle, un accessoire qui m'est désormais indispensable. Une ficelle tendue dans mon bureau, et sur laquelle j'accroche tous les textes des chansons qui figureront sur le CD. Ce moyen me permet une vision d'ensemble de l'album, que je construis comme une histoire, avec un début, un développement et une fin. Chaque texte devient une pièce de puzzle, que je déplace tant et plus, jusqu'à trouver l'enchaînement idéal. Je choisis certains de mes succès les plus marquants, avec de nouveaux arrangements retravaillés par Fred.

Parmi mes nouvelles compositions, une des feuilles accrochées à ma ficelle reste désespérément blanche, hormis quelques lignes et un titre : « Un jour viendra ».

L'inspiration m'est venue en début d'année.

Un jour viendra où les livres seront ouverts
Un jour viendra où les comptes seront réglés

C'est un message que je désire dédier à toutes les victimes d'injustice. Un texte inspiré de la Bible, et dans lequel Dieu dit qu'au jour du jugement dernier, il ne laissera pas le coupable impuni et que personne n'échappera à sa justice.

Car très souvent, je me retrouve face à des personnes qui ont vécu l'intolérable réalité du viol, de l'inceste ou de toute autre forme d'abus et de souffrances. Je veux pouvoir leur dire que Dieu n'est pas resté sourd à leurs cris et qu'un jour, il essuiera toute larme de leurs yeux. Mais je veux pouvoir crier aussi que la colère de Dieu – le courroux divin, comme la Bible l'appelle – sera terrible pour celles et ceux qui ne se seront pas repentis de leurs crimes.

L'exercice est difficile. Comment parler du jugement de Dieu sans se poser en juge ou en moralisateur ? La question m'obsède durant des mois sans que j'y trouve la moindre réponse.

Dans le courant de l'été, il faut pourtant songer à confier les nouveaux titres à Fred, pour les arrangements. Je dois donc imaginer une ébauche de structure, complètement aléatoire, pour cette chanson.

Les jours et les semaines passent. Arrivé au lundi précédant les enregistrements, je n'ai toujours pas avancé d'un pouce.

Avec Bernard et Pascal, un autre cher ami de l'église, nous nous réunissons les lundis matin, très tôt, pour prier ensemble. Ce jour-là, je leur fais part de l'urgence du besoin qui me préoccupe : au plus profond de moi, je sais qu'«Un jour viendra » doit figurer dans le CD, mais, à quatre jours des concerts, la frontière du possible est déjà largement dépassée. Nous prions ensemble, demandant l'aide de Dieu.

Dans la prière, une promesse de la Bible me vient à l'esprit : *« C'est dans la tranquillité et le repos que sera votre salut. C'est dans le calme et la confiance que sera votre force »* (Ésaïe 30, verset 15). Je décide de prendre Dieu au mot et de mettre simplement ces paroles en pratique. Après le petit déjeuner, vers 7 h du matin, je retourne me coucher. « Armé » d'un papier et d'un stylo, je fais alors cette simple prière :

- Mon Dieu, j'ai fait tout ce que je pouvais faire. Je te laisse maintenant agir et je m'attends à toi.

Puis je m'endors comme un bébé.

Une heure plus tard, je me réveille avec l'inspiration de tout le premier couplet. Ce sera en « slam », une idée géniale à laquelle je n'avais jamais pensé. Les mots sont là, simples, justes, évidents. J'essaie de chercher la suite, sans succès.

« Rendors-toi ! me dis-je ».

Le couplet suivant m'attend à mon second réveil. Et ainsi de suite, durant toute la matinée. C'est une expérience unique, comme si Dieu lui-même me soufflait chaque phrase, chaque mot.

Lorsque, vers midi, je reçois l'inspiration de la fin de la chanson, mon excitation est à son comble : je sais que je viens de vivre quelque chose d'extraordinaire. Je ne me sens pas être l'auteur de tout ça, mais simplement la main qui a écrit un texte divinement inspiré.

La première répétition avec les musiciens a lieu le mercredi. Nous n'avons que 48h devant nous pour préparer un programme « Decourroux & Friends ». En effet, Olivier Cheuwa, Rija et Dana-Jo, des valeurs sûres de la chanson chrétienne, ainsi que la violoniste Flora Thalassa et le célèbre et inclassable Schindou à l'accordéon, nous ont rejoints.

Un concert avec enregistrement suppose pour moi une préparation particulière. Car au-delà des aspects musicaux et techniques, c'est bien le message que je veux faire passer entre les chants qui constitue à mes yeux le point crucial du CD. Un message que j'imagine spontané et conduit par l'inspiration du Seigneur, mais que je me dois de préparer au mieux pour espérer rester clair et concis. Tout un programme.

C'est alors que survient, dans le tumulte des derniers jours d'avant concert, le souci qui fait le cauchemar de tous les chanteurs : une méchante extinction de voix !

Seul remède : le repos. Autrement dit, il faut dormir un maximum et… se taire. Deux choses qui me sont alors totalement impossibles. Les musiciens ont besoin de moi pour la mise au point de l'ensemble, et plus particulièrement des nouveaux morceaux. Quant à mes chanteurs invités, il faut définir avec eux quelles sont les parties dans lesquelles ils vont intervenir. Et enfin, il faut rôder le tout.

Sans voix, c'est simplement ingérable.

Le matin du premier concert, alors que je suis attendu pour une dernière émission promotionnelle à la radio, je suis au fond de mon lit, grelottant de froid, malgré trois couches de vêtements et une couverture chauffante.

Dans ces cas-là, les gens raisonnables annulent tout. Est-ce de la foi ou de la folie que de prendre le risque d'aller jusqu'au bout ? Probablement un peu des deux, s'il est vrai que la foi suppose également une part de folie. Toujours est-il que la question de l'annulation ne se pose même pas. J'ai déjà vécu des situations similaires, et j'ai pu compter sur la fidélité de Dieu. Il sera à mes côtés, je veux le croire, même si j'en suis réduit à siffler durant toute la répétition générale.

Le moment qui précède le début du concert est particulier : tandis que les musiciens rentrent en scène, je me retrouve quelques instants tout seul, en coulisses. Percevant l'ambiance qui monte dans la salle, je suis soudain pris de panique à l'idée de tout ce que je n'ai pas eu le temps de faire et de tout ce que je pourrais avoir oublié. Je voudrais pouvoir arrêter le temps, revoir mes textes, et surtout, reposer ma voix. Quelques vocalises, à peine murmurées, ne m'ont, en effet, pas du tout rassuré. Je vais rentrer sur scène sans savoir ce qui va sortir de ma gorge.

Alors je prie. Une énième fois, je remets mon sort entre les mains de Celui sans lequel je sais que je n'y arriverai pas. « Mais que ferais-je, et que serais-je sans toi, Seigneur ? »

Et c'est parti.

Dieu merci, la voix est là. Même si ce n'est pas la forme des grands soirs, ça semble tenir, et c'est déjà miraculeux.

Pour l'enregistrement, ce n'est toutefois pas suffisant. Il faudra être au top le lendemain.

Après une trop courte nuit et une dernière répétition où je m'économise au maximum, nous voilà partis pour le second concert.

Et en pleine forme, cette fois !

Trop heureux de retrouver mes meilleures sensations et mon plein potentiel, j'attaque les premières chansons avec une pêche divine et une motivation décuplée. Le plaisir si intense du moment présent pourrait-il me faire oublier que je suis là pour le public, et non pour m'envoler, tout seul, sur mon petit nuage ?

Je n'ai pas le temps de me poser la question. Sans m'en rendre compte, emporté par mon élan, je me laisse aller à forcer ma voix au-delà des limites du raisonnable. À la quatrième chanson, je réalise que le mal est fait : je suis « grillé ». Et dire que je pensais avoir passé l'âge de commettre pareille erreur de débutant.

De retour sur terre, face à la cruelle réalité de mes faiblesses, je vais devoir terminer la soirée, comme la veille, en ne comptant plus que sur le Seigneur. Ce ne sera toutefois pas difficile, tant la présence de Dieu est palpable et semble s'intensifier au fil des chansons.

Nous avons prévu un temps de prière en commun dans le dernier morceau. J'attends ce moment avec impatience.

J'invite alors tous ceux qui le souhaitent à prier avec nous, à haute voix ou silencieusement. Je goûte avec bonheur à ces instants privilégiés. Porté par le doux murmure qui s'élève de la salle, je me laisse inspirer une prière qui figurera sur le CD.

Dans le public, il y a ceux qui restent spectateurs, et ceux qui s'unissent avec nous en communion avec Dieu. Il y a ceux qui ne manifestent aucune émotion particulière et ceux qui semblent vraiment touchés et visités par l'Esprit Saint.

Et puis, au premier rang, il y a Florent.

Ce n'est pas n'importe qui, Florent. C'est une perle ! Jeune homme souffrant de myopathie, il ne parvient à bouger que les lèvres et les paupières et mène un combat de tous les instants, aussi terrible qu'inégal, simplement pour survivre. Depuis plusieurs mois que nous communiquons ensemble par courriel, il m'envoie chaque jour des petits mots, des prières et des messages d'encouragements.

Très souvent durant la soirée, je croise son regard pétillant de joie. J'ai appris que le concert est le cadeau qu'il a demandé pour ses 21 ans. Il ne peut se douter combien j'en suis honoré.

Durant le temps de prière, je descends vers lui, suppliant Dieu de le toucher. Je m'attends à un miracle, mais c'est une leçon de courage et de foi que je vais recevoir.

Tandis que le public nous rappelle, je demande que Florent soit porté sur scène, dans son fauteuil roulant. Ses yeux brillants laissent deviner son intense bonheur d'être là, à nos côtés, pour les tout derniers chants. Je danse avec lui ainsi qu'avec deux autres amies handicapées en faisant tourner leurs chaises dans tous les sens. Lorsque la musique s'arrête, Florent semble vouloir s'exprimer. Je lui tends le micro.

- L'Éternel est ma lumière et mon salut ! C'est lui qui protège ma vie, de qui aurais-je crainte ? s'exclame-t-il, de toutes ses forces. Nous sommes plus que vainqueurs ! Gloire à Dieu !

Qu'y a-t-il à ajouter à une telle démonstration de foi ?

C'est stupéfiant d'entendre ce jeune homme, aussi lourdement handicapé, louer Dieu pour ses bontés à son égard. Il est l'exemple vivant de ce que, avec Dieu, même privés de tout, rien ne peut nous voler l'essentiel.

La conclusion de la soirée ne pouvait être plus belle.

IL Y A TOUJOURS QUELQU'UN sort de presse moins de deux mois plus tard.

Espoir Diffusion acquiert, à prix coûtant, une partie des albums, pour les distribuer gratuitement.

Une fois encore, le message du CD touche de nombreuses personnes. Il y a ceux qui disent apprécier les textes, ceux qui avouent être encouragés par les chansons, et ceux qui vivent une véritable transformation, comme cette dame rencontrée en France voisine qui me certifie que l'écoute répétée du CD l'a guérie d'une très grave dépression dont elle souffrait depuis des années. Un témoignage qui me laisse perplexe, mais que me confirme, quelques semaines plus tard, une connaissance de la dame.

Il y a ceux qui laissent un message sur le répondeur du bureau, ou sur le Livre d'Or du site. Ceux qui envoient un courriel ou une lettre ou ceux qui m'appellent, comme cette jeune femme, dépressive, qui me dit que le CD, offert par un ami, lui fait beaucoup de bien, et particulièrement la chanson « Faits pour la vie ». Elle me demande de prier pour elle, ce que je fais, très simplement, au téléphone.

Je réalise toujours mieux à quel point nombre de personnes ont simplement besoin d'écoute et de prière, et qu'il faut parfois peu de chose pour redonner courage et espoir à ceux qui n'en ont plus. Quelqu'un a dit : *« Il suffit qu'un seul homme souffre moins, et le monde est déjà meilleur ».*

Le slogan d'Espoir Diffusion l'affirme : *« On ne peut pas tout changer dans le monde, mais on peut tous changer quelque chose ».* Avec le CD, l'association dispose maintenant d'un outil précieux pour rejoindre les gens dans leurs attentes et leurs souffrances.

Dans notre lutte face au trafic humain, par contre, les choses tardent à se mettre en place. Bien sûr, nous donnons des conférences sur ce thème, dans les églises, les lieux publics ou encore les écoles. Notre clip *IL FAUT QUE LE MONDE SACHE* comptabilise plusieurs dizaines de milliers de vues sur divers sites Internet. Tout cela génère très certainement un impact non négligeable, mais j'ai l'intime conviction qu'il y a beaucoup plus à faire. Et je ne puis cacher ma frustration en pensant au clip *LES FILLES DE L'EST,* que je traîne dans ma valise depuis quatre ans, sans possibilité de le diffuser. Je vais devoir accepter l'évidence : il n'y a pas d'issue de ce côté-là.

Nous n'obtiendrons jamais ces fameuses autorisations.

Je suis totalement dans l'impasse lorsque Irène Hirzel, chargée du dossier de la traite des femmes et des enfants à la « Mission Chrétienne pour les Pays de l'Est », propose un partenariat avec Espoir Diffusion. Elle désire créer un support audiovisuel pour sensibiliser l'opinion publique face à l'esclavage sexuel.

L'idée est de produire un DVD comprenant les clips déjà réalisés, un reportage en Moldavie et des interviews de victimes de la traite. Il est question d'y ajouter le clip *LES FILLES DE L'EST*, dans une version que nous allons réaliser par nos propres moyens, sur la base du scénario que j'avais écrit au départ.

Le projet est ambitieux, et suppose des moyens financiers et une infrastructure dont nous ne disposons pas. Nous allons donc mettre notre foi en action.

Pierre-Olivier Rivière, un jeune réalisateur qui a participé à mon premier DVD, relève le défi. Nous commençons par fixer les dates de tournage du clip. Il reste alors moins d'un mois pour trouver les acteurs — des professionnels — les figurants, les techniciens, une maquilleuse et des lieux adaptés aux images que l'on veut tourner.

Lorsque je prends conscience de l'ampleur de la tâche, je me demande dans quelle galère je me suis une fois encore embarqué.

Pourtant, les choses se mettent en place, une à une, avec une justesse et une précision remarquables. Tout devient peu à peu évident, presque trop facile. Il n'y a pas eu de véritable casting, mais nous avons choisi les comédiens sur la base de photos ou d'une simple recommandation. Ceux-ci se révèlent excellents et pleinement engagés avec nous dans l'aventure.

Les problèmes et les imprévus rencontrés en cours de route sont solutionnés de façon parfois aussi rapide qu'inattendue.

Nous avons besoin d'un escalier intérieur tournant : c'est dans la maison où loge une partie de l'équipe que nous trouvons le lieu idéal. Il nous manque des figurantes pour une scène : les trois filles d'un monsieur qui passe par là « par hasard » sont disponibles dans la demi-heure qui suit. Nous cherchons désespérément un immeuble avec un toit plat : la maison de nos amis Thierry et Nelly-France Eldin, qui gèrent le bureau Decourroux France, offre le lieu de tournage parfait. J'ai besoin d'une voiture de macs : un ami garagiste me met à disposition un monstrueux Porsche Cayenne.

Et la liste est encore longue…

Novembre 2011, le montage du clip est terminé. Le résultat

dépasse mes attentes. Nous disposons enfin d'un outil percutant au service de la cause que nous défendons. Parviendrons-nous, avec cet outil, à réveiller un tant soit peu la conscience collective face au scandale de l'esclavage moderne ?

Jusqu'où cette nouvelle aventure nous mènera-t-elle, dans notre engagement au service des plus faibles et pour un monde meilleur ?

À l'heure où j'écris ces lignes, Dieu seul le sait.

À l'heure où vous les lisez, une partie de la suite de l'histoire est sans doute déjà écrite.

Chapitre 21

RÉUSSIR SA VIE

C'est par une toute dernière anecdote que j'arrive à la conclusion de ce livre.

Récemment, Jean-Claude, un très cher ami, m'appelle pour me parler de son père, hospitalisé, et dont l'état de santé s'avère critique.

- Je ne suis pas convaincu, me confie-t-il, que mon papa soit préparé à rencontrer Dieu. Accepterais-tu de venir lui rendre visite avec moi ? Peut-être trouveras-tu les bons mots pour lui parler de l'éternité.

Quelques jours plus tard, nous nous rendons ensemble au chevet du vieil homme.

Après avoir échangé quelques banalités, je me permets d'aborder avec lui le point qui me paraît essentiel pour chaque être humain : réussir sa vie. Je lui fais part de ma pensée quant à la différence entre réussir dans la vie et réussir sa vie.

Réussir dans la vie signifie accéder à un niveau social, professionnel ou financier que seule une poignée de privilégiés parvient à atteindre… et à conserver. Cette réussite-là ne dépend pas que de soi. Elle est intimement liée à un certain nombre de facteurs indépendants de notre bon vouloir : origine, famille, éducation, capacités intellectuelles, etc.

Réussir sa vie, c'est différent : c'est un choix. Le choix de saisir la main de Dieu lorsqu'il frappe à la porte de notre cœur. Une porte qu'il ne force jamais, mais derrière laquelle il se tient, respectant nos décisions, avec l'amour d'un Père parfait qui désire plus que tout le bonheur de ses enfants. Dès l'instant où je choisis de répondre à son appel et de lui confier mon existence, j'entre dans une dynamique de réussite de celle-ci.

J'ai l'intime conviction que, devant ce choix, tous les humains sont placés sur le même pied d'égalité. Il est vrai que s'abandonner entre les mains de Dieu n'engendre pas forcément de changements visibles dans l'immédiat. Mais cela met en route un processus de transformation comparable à celui d'une graine qui, enfouie en terre, est porteuse d'espoir pour l'avenir.

Lorsque nous arrivons au terme de notre vie, l'avenir porte un nom : l'éternité.

Le père de Jean-Claude, ainsi que son voisin de chambre, n'ont rien perdu de ces propos. Nous les encourageons à considérer cette réflexion et à ne pas passer à côté de la grâce et de l'amour que Dieu leur offre. Durant le moment de chants et de prière que nous partageons ensuite, une atmosphère de sérénité et de paix envahit la pièce. Après cela, tous deux nous remercient chaleureusement de cette visite qui, de toute évidence, ne les a pas laissés indifférents.

Quelques semaines plus tard, le malade peut rentrer chez lui. Contre toute attente, son état s'est amélioré de façon surprenante, défiant les pronostics alarmistes des médecins.

Dieu seul sait ce qui s'est passé ce soir-là dans le cœur de cet homme. Mais il y a plus important encore que cette rémission inattendue : l'opportunité pour lui de réussir la dernière étape de sa vie. La plus importante.

Et ça, c'est sa décision.

Lorsque, il y a plus d'un quart de siècle, j'ai choisi de m'abandonner dans les mains du Seigneur Jésus-Christ, c'était avec la foi du charbonnier et la naïveté d'un petit enfant. J'ai osé placer ma confiance dans des promesses dictées par Dieu à des hommes et consignées dans un livre vieux de près de deux mille ans.

Folie ? Non-sens ?

Je comprends qu'on puisse le penser.

Cependant, après avoir cru sans voir, il m'a été donné, peu à peu, étape après étape, de voir et d'expérimenter ce en quoi j'ai cru. Aujourd'hui, la Parole de Dieu m'apparaît comme un trésor inestimable de Vérité et de Vie dans lequel je puise l'énergie de partager autour de moi l'espoir d'un amour sans limite.

J'ignore ce que je serais devenu sans ce trésor au centre de mon existence. Je n'ose même pas y songer. Mais ce que je puis affirmer avec certitude, c'est que Dieu m'a conduit, au-delà des épreuves et des difficultés, dans la plénitude d'un bonheur extraordinaire auquel je goûte jour après jour, comme un cadeau aussi merveilleux qu'immérité.

Tout au long de mon cheminement, je me suis efforcé de me montrer digne de ce cadeau divin. Pourtant, il m'arrive encore trop souvent de tomber dans le piège de l'orgueil, de la vanité, de la peur ou de quelque autre mauvais choix. Alors, sans accusation ni jugement, mais avec son amour de Père, le Seigneur me révèle ma faute et m'accorde le pardon offert au pécheur qui se repent.

Chaque jour qui passe me permet de mesurer davantage combien j'ai besoin de lui. Chaque étape franchie m'ouvre un peu plus les yeux sur tout ce que j'ai encore à apprendre dans mon développement personnel. Car plus je progresse avec Dieu, plus je prends conscience du chemin qui me reste à parcourir. Mais, sur ce chemin, j'en ai la certitude :

Le meilleur est toujours devant !

Permettez-moi simplement de conclure par la question que je considère comme la clé de mon bonheur, et que je partage pour mieux garder.

- Si ma vie prenait…

fin

à cet instant précis.

L'aurais-je réussie ?

REMERCIEMENTS

À Jocelyne,

Pour la place que tu occupes à mes côtés et pour la sagesse dont tu fais preuve. Merci pour ta patience, ton soutien, tes conseils avisés et tes prières. Je te dois mes réussites. Merci pour toutes ces années de bonheur partagé. Tu es ce que la vie m'a offert de plus beau !

À Jonathan, Samuel, Gabrielle, Josué,

Pour la super équipe que nous formons. Votre pertinence me conduit à de précieuses remises en question. Vous êtes formidables et je suis fier de vous !

À tous mes amis,

Ceux qui m'ont aidé et conseillé dans la relecture et les corrections de ce livre :

Thierry, Nelly-France, Laurent, Noélie, Annick, Yves, Marc, Joëlle, Roseline, Anne, Paul, Jacques, Claire-Lise, Rinaldo.

À ceux avec qui je chemine depuis si longtemps, et dont la fidélité demeure dans les succès comme dans les échecs.

À tous ceux qui, de près ou de loin, me soutiennent par leurs encouragements et leurs prières. Votre confiance m'honore.

Et merci au Seigneur Jésus-Christ sans qui je ne suis rien !

TABLE DES MATIÈRES

DÉCOUVREZ LES 2 AUTRES LIVRES DE PHILIPPE DECOURROUX

L'APPRENTI

L'apprenti nous emmène dans la suite du parcours de Philippe, véritable aventurier de la foi. L'amitié nouée avec Denis Mukwege, prix Nobel de la paix 2018, ses aventures missionnaires et son combat contre toutes formes de violences faites aux femmes donnent à ce récit une saveur toute particulière.

LIBÉRÉ

3ème livre de la trilogie Decourroux, « LIBÉRÉ » connaît un succès sans précédent. En tout juste deux ans, il a déjà été imprimé à plus de 50.000 exemplaires et est disponible en cinq langues (français, anglais, allemand, espagnol, portugais).

Les versions e-book des 3 livres, ainsi que les versions audio (français et espagnol) sont disponibles gratuitement sur le shop du site www.decourroux.ch

PHILIPPE DECOURROUX MISSIONS

À Panzi, RDC Congo, dans l'hôpital du Dr. Denis Mukwege

- Soutien aux survivantes de viol de guerre
- Aide aux orphelins issus du viol
- Soutien aux enfants sortis de la prostitution

En Côte d'Ivoire

- Actions humanitaires dans les prisons
- Projet « seconde chance » de réinsertion des ex-détenus
- Sensibilisation à la réalité du trafic d'êtres humains à des fins d'esclavage sexuel

La moitié de la production de ce livre est destinée à la distribution gratuite dans ces pays défavorisés.

Votre don, aussi modeste soit-il, nous aide à faire la différence.

POUR RESTER EN CONTACT AVEC PHILIPPE DECOURROUX & TEAM

Abonnez-vous gratuitement à notre lettre de nouvelles
par mail sur :
www.decourroux.ch
par courrier :
Decourroux Productions
Rue des Blés 6
CH - 2822 Courroux

ACTIONS DANS LES PRISONS
LA CLÉ DE LA LIBERTÉ

Avec la vision de PORTER L'ESPOIR LÀ OÙ IL N'Y EN A PLUS, Philippe Decourroux et son équipe ont mené des actions dans les prisons de 15 pays, sur 3 continents, depuis plus de 20 ans.

Nourriture et produits de première nécessité ont été distribués aux plus démunis. Des dizaines de milliers de livres, CD et bibles ont amené un puissant message d'amour, d'espérance et de liberté à celles et ceux qui vivent dans la misère et le désespoir.

5 DOLLARS… LA CLÉ DE LA LIBERTÉ

Aujourd'hui, avec 5 dollars seulement, nous pouvons offrir à un détenu un livre LIBÉRÉ et une bible: la clé de la VRAIE liberté.

Par ce moyen, grâce à tous nos donateurs, de plus en plus d'hommes et de femmes découvrent le message libérateur de l'Évangile.

Par avance, en leur nom, nous vous disons MERCI!

Philippe Decourroux MISSIONS
IBAN: CH70 0078 9042 0335 9752 8
BIC (Swift): BCJUCH22XXX
Clearing: 789

Prison de Bukavu, Congo

www.decourroux.ch

Distribution et contact :

PHILIPPE DECOURROUX MISSIONS
6, rue des Blés
CH-2822 COURROUX
Tél : + 41(0)32 423 15 55
philippe@decourroux.ch

Pour toute commande et téléchargement gratuit de nos CD, DVD, livres (ebooks & audios), brochures et partitions
Pour vous abonner à notre lettre de nouvelles

Cliquez sur

www.decourroux.ch

«ON NE PEUT PAS TOUT CHANGER DANS LE MONDE… MAIS ON PEUT TOUS CHANGER QUELQUE CHOSE»

ISBN 978-2-8399-0998-3

Imprimé par CPI - Ebner & Spiegel, Ulm
Eberhard-Finckh-strasse 61
89075 Ulm - Deutschland
4e édition, avril 2024